Du warst nie Getrennt

von Frank Kralemann

Buchbeschreibung:

Hast du dich jemals gefragt, ob es im Leben mehr geben könnte als das, was du täglich erfährst? Ob in der Stille zwischen deinen Gedanken ein Geheimnis darauf wartet, entdeckt zu werden?

"Du warst nie getrennt" öffnet dir genau diese Tür. Es ist kein gewöhnliches Buch über Spiritualität, sondern ein Kompass, der dich auf deinem einzigartigen Weg nach Hause, zu dir selbst,begleitet. Es verspricht keine schnellen Lösungen oder einfache Formeln, sondern bietet eine authentische Reise zu deinem innersten Wesen.

Entdecke in diesem Buch, wie du die Illusion der Trennung überwindest, die dich daran hindert, deine wahre Natur zu erkennen. Erfahre, wie du mit Hilfe praktischer Übungen und zeitloser Weisheit den Pfad zur Einheit und Präsenz beschreiten kannst, um ein erfüllteres, tieferes Leben zu führen.

Egal, wo du gerade stehst: Dieses Buch lädt dich ein, innezuhalten, zu erkunden und zu erleben, was es wirklich bedeutet, präsent zu sein. Bist du bereit, die

Stille in dir zu hören? Dann ist dieses Buch deine Einladung.

Über den Autor:

Leben und Schreiben sind für Frank Kralemann untrennbar miteinander verbunden. Dies spiegelt sich nicht nur in seinen Texten wider, sondern auch in seiner Lebensweise. Seine Passion für das Laufen, besonders auf den langen, meditativen Strecken durch die malerischen Landschaften des Teutoburger Waldes, ist für ihn mehr als nur ein Hobby. Es ist eine Quelle der Inspiration und eine Möglichkeit, den Geist zu klären, was unmittelbar in seine kreative Arbeit einfließt. Diese physische Aktivität erlaubt ihm, mit neuen Ideen zu experimentieren und Gedanken zu ordnen, was seinen Schreibprozess maßgeblich bereichert.

Sein Ansatz, das Leben in seiner ganzen Fülle zu leben und zu schreiben, hat Frank Kralemann zu einem geschätzten Mitglied der literarischen Gemeinschaft gemacht. Seine Werke, die von persönlichen Erfahrungen und einer tiefen Beobachtungsgabe geprägt sind, laden Leser aller Altersklassen dazu ein, die Welt durch seine Augen zu sehen und vielleicht auch ein Stück weit durch seine Worte inspiriert, ihr eigenes Leben reicher zu gestalten.

Frank Kralemann ist Vater und Großvater. Er schreibt seit 2007. Außer Ratgebern und Sachbüchern hat er auch Gedichtbände geschrieben.

Du warst nie Getrennt

Die Erfahrung der Einheit

von Frank Kralemann

1. Auflage, 2025 Frank Kralemann

Verlag: BoD · Books on Demand GmbH,

Überseering 33, 22297 Hamburg,

bod@bod.de

Druck: Libri Plureos GmbH,

Friedensallee 273, 22763 Hamburg

ISBN: 978-3-8192-4966-2

Inhaltsverzeichnis

Du warst nie getrennt

Die Erfahrung der Einheit

Ein spirituelles Grundlagenwerk für die Transformation des Bewusstseins

Einleitung

Liebe Leserin, lieber Leser,

in diesem Moment, während Sie diese Zeilen lesen, geschieht etwas Außergewöhnliches. Nicht nur, dass sich Ihre Augen über diese Worte bewegen und Ihr Verstand ihre Bedeutung erfasst – nein, etwas viel Tieferes ist am Werk. In der Stille zwischen den Gedanken, in der Pause zwischen zwei Atemzügen, wartet etwas auf Sie. Es ist das, was Sie schon immer waren und immer sein werden: Ihre wahre Natur, Ihr essentielles Sein, die stille Präsenz, die all Ihre Erfahrungen bezeugt.

Dieses Buch ist eine Einladung. Eine Einladung, nach Hause zu kommen – zu sich selbst. Es ist kein gewöhnliches Buch über Spiritualität, das Ihnen sagt, was Sie glauben oder wie Sie sich verhalten sollen. Es ist vielmehr ein Spiegel, in dem Sie Ihr eigenes innerstes Wesen erkennen können. Es ist ein Kompass, der Ihnen hilft, den Weg zu finden, der schon immer da war, aber vielleicht von den Stürmen des Lebens verdeckt wurde.

Die zeitlose Suche nach dem wahren Selbst

Seit Anbeginn der Menschheit haben wir nach etwas gesucht, das größer ist als unser alltägliches Selbst. Diese Suche hat viele Namen: die Suche nach Gott, nach Erleuchtung, nach Wahrheit, nach Liebe, nach Frieden. Doch im Kern ist es immer dieselbe Sehnsucht – die Sehnsucht, ganz zu sein, verbunden zu sein, zu wissen, wer wir wirklich sind.

Diese Sehnsucht ist kein Zeichen dafür, dass mit uns etwas nicht stimmt. Im Gegenteil: Sie ist der Ruf unserer Seele, der Kompass unseres Herzens, der uns nach Hause führen will. Jeder Mensch trägt diesen heiligen Funken in sich, diese leise Stimme, die flüstert: "Es gibt mehr. Du bist mehr."

In unserer modernen Welt, die von Geschwindigkeit, Information und ständiger Stimulation geprägt ist, ist diese leise Stimme oft kaum zu hören. Wir sind so beschäftigt mit dem Tun, dem Erreichen, dem Werden, dass wir vergessen haben zu sein. Wir suchen im Außen, was nur im Innen zu finden ist. Wir jagen Schatten hinterher, während das Licht in uns selbst wohnt.

Warum dieses Buch jetzt entstanden ist

Es ist kein Zufall, dass Sie dieses Buch in Händen halten. In einer Zeit globaler Umbrüche, in der alte Strukturen zusammenbrechen und neue noch nicht geboren sind, erwacht in immer mehr Menschen die Sehnsucht nach echter Transformation. Nicht nach oberflächlicher Veränderung, sondern nach einer grundlegenden Wandlung des Bewusstseins.

Die Weisheitstraditionen der Menschheit – von den christlichen Mystikern wie Meister Eckhart über die östlichen Weisen bis zu modernen Lehrern wie Krishnamurti und Eckhart Tolle – haben uns unschätzbare Wegweiser hinterlassen. Doch jede Zeit braucht ihre eigene Sprache, ihre eigenen Zugänge zur zeitlosen Wahrheit.

Dieses Buch entstand aus der tiefen Überzeugung, dass die alte Weisheit und die neuen Erkenntnisse der Wissenschaft sich nicht widersprechen, sondern ergänzen. Es entstand aus zahllosen Stunden der Meditation, des Studiums, der Praxis und – ja – auch des Ringens und Zweifelns. Denn der spirituelle Weg ist kein gerader Highway, sondern oft ein gewundener Pfad mit Höhen und Tiefen, Durchbrüchen und Rückschlägen.

Was Sie hier finden werden, ist keine neue Lehre, keine weitere Methode, die Ihnen Erleuchtung in zehn einfachen Schritten verspricht. Es ist vielmehr eine

Synthese, eine Integration verschiedener Weisheitswege, die alle zum selben Gipfel führen – zur Erkenntnis Ihrer wahren Natur.

Ein Kompass für die spirituelle Reise

Stellen Sie sich vor, Sie befinden sich in einem dichten Wald. Sie wissen, dass es einen Weg hinaus gibt, aber die Bäume versperren die Sicht, und alle Richtungen scheinen gleich auszusehen. Was Sie brauchen, ist kein detaillierter Stadtplan – der würde Ihnen hier nicht helfen. Was Sie brauchen, ist ein Kompass, der Ihnen die Grundrichtung zeigt, und das Vertrauen in Ihre eigenen Schritte.

Dieses Buch möchte Ihr spiritueller Kompass sein. Es zeigt Ihnen nicht jeden einzelnen Schritt – das kann es nicht, denn Ihr Weg ist einzigartig. Aber es zeigt Ihnen die Grundprinzipien, die universellen Wahrheiten, die allen authentischen spirituellen Wegen zugrunde liegen.

Sie werden hier keine Dogmen finden, keine starren Regeln, keine Gebote und Verbote. Was Sie finden werden, sind Einladungen zum Erforschen, Anregungen zum Experimentieren, Wegweiser zum Entdecken. Denn die Wahrheit, nach der Sie suchen, kann Ihnen niemand geben – sie muss in Ihnen selbst erwachen.

Wie Sie dieses Buch optimal nutzen

Dieses Buch ist in vier große Teile gegliedert, die aufeinander aufbauen, aber auch für sich stehen können:

Teil I: Die Grundlagen des Erwachens führt Sie in die essentiellen Prinzipien ein. Hier lernen Sie die Natur der spirituellen Suche verstehen, entdecken das Paradox des Suchens und erfahren die transformative Kraft der Gegenwart.

Teil II: Die Wege nach Innen zeigt Ihnen konkrete Pfade zur Vertiefung. Sie erforschen die Dimension der Stille, lernen die Kunst der Beobachtung und entdecken Ihren Körper als spirituelles Instrument.

Teil III: Die Integration hilft Ihnen, Spiritualität in alle Bereiche Ihres Lebens zu bringen. Sie lernen, Ihre Schatten zu umarmen, Beziehungen als spirituelle Praxis zu nutzen und das Heilige im Alltäglichen zu finden.

Teil IV: Die Verwirklichung führt Sie über alle Konzepte hinaus zur direkten Erfahrung. Hier geht es um die lebendige Einheit, die Integration aller Pfade und die paradoxe Natur der Erleuchtung.

Jedes Kapitel enthält nicht nur theoretische Erklärungen, sondern auch praktische Übungen, Meditationen und Kontemplationen. Diese sind keine Pflichtübungen, sondern Einladungen. Probieren Sie aus, was Sie anspricht. Manches wird sofort resonieren, anderes vielleicht erst später oder gar nicht. Vertrauen Sie Ihrer inneren Weisheit.

Lesen Sie dieses Buch nicht wie einen Roman von vorn bis hinten durch. Lassen Sie sich Zeit. Manche Absätze wollen kontempliert, manche Übungen wollen gelebt werden. Wenn ein Kapitel Sie besonders berührt, verweilen Sie dort. Wenn eine Übung Ihnen guttut, praktizieren Sie sie eine Weile, bevor Sie weitergehen.

Führen Sie gerne ein spirituelles Tagebuch parallel zur Lektüre. Notieren Sie Ihre Einsichten, Ihre Fragen, Ihre Erfahrungen. Der Prozess des Schreibens kann selbst zu einer spirituellen Praxis werden, die Ihre Erkenntnisse vertieft und integriert.

Eine persönliche Anmerkung

Bevor wir gemeinsam diese Reise antreten, möchte ich Ihnen etwas Persönliches mitteilen: Alles, was in diesem Buch steht, musste erst in mir selbst lebendig werden, bevor ich es aufschreiben konnte. Ich bin kein erleuchteter Meister, der von einem fernen Gipfel zu Ihnen herabspricht. Ich bin ein Mitreisender auf dem Weg, der einige Wegmarken erkannt und einige Fallen durchschaut hat.

Die größte Entdeckung auf meinem eigenen Weg war die Erkenntnis, dass wir nicht werden müssen, was wir nicht sind. Wir müssen nur aufhören zu glauben, wir seien das, was wir nicht sind. Die Wahrheit unseres Seins ist immer schon da, vollkommen und ganz. Sie wartet geduldig darauf, dass wir aufhören, woanders zu suchen.

Die Einladung

Und so lade ich Sie ein: Treten Sie ein in die Stille. Nicht die Stille, die nur Abwesenheit von Geräuschen ist, sondern die lebendige Stille, die die Quelle aller Klänge ist. Die Stille, die spricht, ohne Worte zu benutzen. Die Stille, die Sie sind.

Auf den folgenden Seiten werden wir gemeinsam erforschen, was es bedeutet, wirklich präsent zu sein. Wir werden die Illusionen durchschauen, die uns gefangen halten, und die Freiheit entdecken, die unser Geburtsrecht ist. Wir werden lernen, mit offenen Augen zu träumen und mit geschlossenen Augen zu sehen.

Dies ist keine Reise zu einem fernen Ziel. Es ist eine Reise nach Hause. Und das Wunderbare ist: Sie sind nie wirklich fortgegangen. Sie haben es nur vergessen.

Möge dieses Buch Ihnen helfen, sich zu erinnern.

In tiefer Verbundenheit und mit den besten Wünschen für Ihre Reise.

Die Stille beginnt jetzt.

TEIL I: DIE GRUNDLAGEN DES ERWACHENS

Kapitel 1: Die ewige Suche - Von der Trennung zur Einheit

Es gibt einen Moment im Leben eines jeden Menschen – vielleicht ist es nur ein Augenblick, vielleicht dehnt er sich über Jahre –, in dem eine fundamentale Frage auftaucht: "Ist das alles?" Diese Frage kommt oft unerwartet. Vielleicht haben Sie gerade eine Beförderung erhalten, ein Haus gekauft, den Traumpartner gefunden.

Nach außen hin scheint alles perfekt. Und doch ist da diese nagende Leere, dieses unterschwellige Gefühl, dass etwas Wesentliches fehlt.

Dieses Gefühl ist der Beginn der spirituellen Suche. Es ist der erste Riss in der Fassade des gewohnten Lebens, durch den das Licht einer größeren Wirklichkeit hindurchscheint. Gratulation – wenn Sie dieses Gefühl kennen, sind Sie erwacht genug, um zu spüren, dass Sie schlafen.

1.1 Die universelle Sehnsucht nach Ganzheit

Das Gefühl des Getrenntseins als Ausgangspunkt

Schauen wir uns um in unserer Welt, dann sehen wir überall Trennung. Wir erleben uns getrennt von anderen Menschen, von der Natur, von unserem eigenen Körper, sogar von unseren eigenen Gefühlen. Diese Trennung ist so fundamental für unsere normale Wahrnehmung, dass wir sie meist gar nicht mehr bemerken. Sie ist wie das Wasser für den Fisch – so allgegenwärtig, dass sie unsichtbar wird.

Doch tief in uns weiß etwas, dass diese Trennung nicht die ganze Wahrheit ist. Wir tragen die Erinnerung an einen Zustand der Einheit in uns, auch wenn wir ihn mit dem Verstand nicht fassen können. Diese Erinnerung ist wie ein heiliger Splitter in unserer Seele, der uns keine Ruhe lässt, bis wir den Weg zurück gefunden haben.

Denken Sie an die Momente in Ihrem Leben, in denen die Grenzen für einen Augenblick verschwammen: Vielleicht war es beim Anblick eines Sonnenuntergangs, in den Armen eines geliebten Menschen, beim Hören eines Musikstücks, das Sie zu Tränen rührte. In solchen Momenten löst sich das Gefühl der Trennung auf, und wir erfahren uns als Teil eines größeren Ganzen. Diese Momente sind kostbare Hinweise. Sie zeigen uns, dass die Einheit nicht nur ein schöner Traum ist, sondern eine erfahrbare Realität.

Die Wurzeln unserer spirituellen Sehnsucht

Woher kommt diese tiefe Sehnsucht nach Einheit? Die Mystiker aller Traditionen stimmen darin überein: Wir sehnen uns nach dem, was wir im Grunde sind. Die Sehnsucht selbst ist der Beweis dafür, dass das Gesuchte existiert. Wie könnte der Tropfen sich nach dem Ozean sehnen, wenn er nicht aus ihm käme?

In der christlichen Mystik sprach Meister Eckhart davon, dass die Seele einen "Grund" hat, in dem sie eins ist mit Gott. Dieser Seelengrund ist nie von Gott getrennt gewesen, kann es gar nicht sein. Die scheinbare Trennung existiert nur an der Oberfläche unseres Bewusstseins, in dem Teil von uns, der sich mit Namen, Form, Geschichte identifiziert.

Die östlichen Traditionen sprechen vom "Atman", dem individuellen Selbst, das in Wahrheit eins ist mit "Brahman", dem universellen Selbst. Die Trennung ist "Maya" – Illusion. Nicht in dem Sinne, dass die Welt nicht existiert, sondern in dem Sinne, dass unsere Wahrnehmung der Welt als getrennte Objekte eine Täuschung ist.

Moderne Physik kommt zu erstaunlich ähnlichen Schlüssen. Auf der Quantenebene gibt es keine getrennten Teilchen, nur Wahrscheinlichkeitswellen in einem einzigen Feld. Die Trennung entsteht erst durch den Akt der Beobachtung. Wir leben buchstäblich in einem

Universum, das aus einem einzigen, unteilbaren Ganzen besteht.

Warum wir mehr sind als unser Verstand glaubt

Unser Verstand ist ein wunderbares Werkzeug. Er hat uns ermöglicht, Zivilisationen zu bauen, Krankheiten zu heilen, zum Mond zu fliegen. Aber er hat eine fundamentale Begrenzung: Er kann nur in Dualitäten denken. Subjekt-Objekt, Ich-Du, Hier-Dort, Jetzt-Dann. Diese dualistische Struktur des Denkens ist nützlich für das praktische Leben, aber sie verschleiert die tiefere Wahrheit der Einheit.

Stellen Sie sich vor, Sie versuchen, das Wasser des Ozeans mit einem Netz zu fangen. Egal wie fein Sie das Netz knüpfen, das Wasser wird immer hindurchfließen. Genauso verhält es sich mit dem Verstand und der Wahrheit des Seins. Der Verstand kann die Einheit nicht erfassen, weil er selbst das Werkzeug der Trennung ist.

Das bedeutet nicht, dass der Verstand schlecht oder nutzlos wäre. Es bedeutet nur, dass wir für die spirituelle Suche andere Fähigkeiten in uns aktivieren müssen: Intuition, direktes Gewahrsein, die Weisheit des Herzens. Diese Fähigkeiten sind in jedem Menschen angelegt, sie warten nur darauf, erweckt zu werden.

1.2 Was ist Spiritualität wirklich?

Jenseits von Dogmen und Konzepten

Wenn wir das Wort "Spiritualität" hören, haben wir oft bestimmte Bilder im Kopf: Räucherstäbchen und Kristalle, Kirchen und Tempel, Gurus und heilige Schriften. All das kann Teil des spirituellen Weges sein, aber es ist nicht die Essenz. Wahre Spiritualität ist viel einfacher und gleichzeitig viel radikaler.

Spiritualität in ihrem Kern ist die direkte Erforschung unserer wahren Natur. Es ist die Frage "Wer bin ich?" nicht als philosophische Spekulation, sondern als lebendige Untersuchung. Es ist die Bereitschaft, alle vorgefassten Meinungen über uns selbst und die Welt loszulassen und frisch zu schauen.

Diese Art von Spiritualität braucht keine Glaubenssätze. Sie fordert Sie nicht auf, irgendetwas zu glauben, was Sie nicht selbst erfahren haben. Im Gegenteil: Sie lädt Sie ein, alles zu hinterfragen, besonders Ihre grundlegendsten Annahmen über sich selbst.

Krishnamurti, einer der radikalsten spirituellen Lehrer des 20. Jahrhunderts, bestand darauf, dass "Wahrheit ein pfadloses Land" ist. Sie können ihr nicht folgen, indem Sie den Fußstapfen eines anderen folgen. Sie müssen Ihren eigenen Weg gehen, Ihre eigene Wahrheit entdecken. Alles andere ist Nachahmung, und Nachahmung führt niemals zur Befreiung.

Die Essenz aller spirituellen Traditionen

Trotz ihrer scheinbaren Verschiedenheit weisen alle authentischen spirituellen Traditionen auf dieselbe fundamentale Wahrheit hin: Du bist nicht, wer du zu sein glaubst. Deine wahre Identität ist unendlich viel größer, freier, liebevoller als die kleine Person, mit der du dich normalerweise identifizierst.

Im Christentum drückte es Jesus so aus: "Das Königreich Gottes ist in euch." Nicht in einer fernen Zukunft, nicht an einem anderen Ort – in euch, hier und jetzt. Meister Eckhart ging noch weiter: "Das Auge, mit dem ich Gott sehe, ist dasselbe Auge, mit dem Gott mich sieht."

Im Buddhismus heißt es: "Du bist bereits Buddha, du musst es nur erkennen." Die Buddha-Natur ist kein Zustand, den man erreichen muss, sondern die Wahrheit dessen, was man bereits ist. Der Weg besteht nicht darin, etwas zu werden, sondern darin, zu erkennen, was man schon immer war.

Im Hinduismus lehrt das Advaita Vedanta: "Tat tvam asi" – Das bist du. Das, wonach du suchst, das bist du selbst. Die Welle, die den Ozean sucht, muss nur erkennen, dass sie selbst Wasser ist.

Der Sufismus, die mystische Tradition des Islam, spricht von "Fana" – der Auslöschung des falschen Selbst, damit das wahre Selbst erstrahlen kann. Rumi sang: "Du bist nicht nur ein Tropfen im Ozean, du bist der mächtige Ozean im Tropfen."

All diese verschiedenen Ausdrucksweisen sind wie verschiedene Finger, die auf denselben Mond zeigen. Der Mond ist Ihre wahre Natur – zeitlos, raumlos, friedvoll, vollkommen.

Ein neues Verständnis für unsere Zeit

In unserer Zeit brauchen wir ein Verständnis von Spiritualität, das weder die alten Weisheiten verwirft noch in überholten Formen erstarrt. Wir brauchen eine Spiritualität, die die Erkenntnisse der modernen

Wissenschaft integriert, die psychologisches Verständnis einbezieht, die bodenständig und praktisch ist.

Diese neue Spiritualität erkennt an, dass Erwachen kein Privileg einiger weniger Auserwählter ist, sondern das Geburtsrecht jedes Menschen. Sie versteht, dass der spirituelle Weg nicht Weltflucht bedeutet, sondern die volle Teilnahme am Leben aus einer erwachten Perspektive.

Sie weiß um die Fallen des spirituellen Egos, das aus Erleuchtung ein neues Projekt macht, ein weiteres Ziel, das es zu erreichen gilt. Sie durchschaut das spirituelle Bypassing, das Vermeiden von emotionalen Themen unter dem Deckmantel der Transzendenz. Sie integriert Schattenarbeit, Traumaheilung und authentische Beziehung als wesentliche Bestandteile des Weges.

Diese integrale Spiritualität ist keine neue Lehre, sondern eine neue Art, die ewigen Wahrheiten zu verstehen und zu leben. Sie ist inklusiv statt exklusiv, erfahrungsorientiert statt dogmatisch, liebevoll statt verurteilend.

1.3 Die Illusion der Trennung durchschauen

Wie unser Ego die Welt fragmentiert

Das Ego – ein Wort, das oft missverstanden wird. Das Ego ist nicht Ihr Feind, den es zu bekämpfen oder zu zerstören gilt. Es ist ein funktionaler Aspekt des Bewusstseins, der es Ihnen ermöglicht, in der Welt zu navigieren. Das Problem entsteht, wenn wir glauben, das Ego sei alles, was wir sind.

Das Ego ist im Grunde eine Sammlung von Gedanken, Erinnerungen, Identifikationen, die sich um den Gedanken "Ich" gruppieren. Es ist die Geschichte, die Sie sich über sich selbst erzählen: Ihren Namen, Ihre Vergangenheit, Ihre Vorlieben und Abneigungen, Ihre Überzeugungen und Meinungen.

Diese Geschichte ist nicht das Problem. Das Problem ist die Identifikation mit der Geschichte, der Glaube, dass Sie diese Geschichte sind. Es ist, als würden Sie ins Kino gehen und vergessen, dass Sie der Zuschauer sind, nicht die Figur auf der Leinwand.

Das Ego funktioniert durch Trennung. Es definiert sich durch das, was es nicht ist. "Ich bin dies, nicht das." "Das gehört mir, das gehört dir." Diese trennende Funktion ist nützlich auf der praktischen Ebene – Sie müssen wissen, welches Auto Ihres ist, welche Wohnung Ihre ist. Aber wenn diese Trennung zur einzigen Realität wird, entsteht Leiden.

Beobachten Sie einmal, wie Ihr Verstand arbeitet. Bemerken Sie, wie er ständig vergleicht, bewertet, einordnet. Besser-schlechter, richtig-falsch, meins-deins. Dieser vergleichende Verstand kann niemals Frieden finden, weil er immer in Relation zu etwas anderem existiert. Er ist wie eine Welle, die sich ständig mit anderen Wellen vergleicht, ohne zu erkennen, dass alle Wellen derselbe Ozean sind.

Die Einheit hinter der Vielfalt erkennen

Die Welt der Erscheinungen ist vielfältig, keine Frage. Kein Blatt gleicht dem anderen, keine Schneeflocke ist identisch mit einer anderen. Diese Vielfalt ist die Kreativität des Lebens, sein Tanz, sein Spiel. Aber unter dieser Vielfalt, sie durchdringend und tragend, ist die Einheit.

Nehmen Sie Ihren eigenen Körper als Beispiel. Er besteht aus Billionen von Zellen, jede mit ihrer eigenen Funktion. Leberzellen, Herzzellen, Gehirnzellen – alle verschieden, alle spezialisiert. Und doch arbeiten sie alle zusammen als ein Organismus. Die Leberzelle konkurriert nicht mit der Herzzelle. Sie weiß intuitiv, dass ihr Wohlergehen vom Wohlergehen des Ganzen abhängt.

Genauso ist es mit der größeren Realität. Wir sind wie Zellen im Körper des Universums, jeder einzigartig, jeder wichtig, aber alle Teil eines größeren Ganzen. Die Illusion der Trennung lässt uns glauben, wir könnten auf Kosten anderer gewinnen. Die Wahrheit der Einheit zeigt uns, dass wir nur gemeinsam gedeihen können.

Diese Einheit ist keine Theorie, keine schöne Idee. Sie ist erfahrbar. In tiefer Meditation, in Momenten der Liebe, in der Stille der Natur können die Grenzen verschwimmen. Sie erfahren sich nicht mehr als getrenntes Individuum, das die Welt beobachtet, sondern als Teil des Gewebes des Lebens selbst.

Meister Eckharts "Abgeschiedenheit" modern interpretiert

Meister Eckhart, der große christliche Mystiker des 13. Jahrhunderts, sprach von "Abgeschiedenheit" als dem höchsten spirituellen Zustand. Dieses Wort wird oft missverstanden als Rückzug von der Welt, als emotionale Kälte oder Gleichgültigkeit. Nichts könnte weiter von der Wahrheit entfernt sein.

Abgeschiedenheit, wie Eckhart sie verstand, ist die Freiheit von der zwanghaften Identifikation mit den Inhalten des Bewusstseins. Es ist nicht, dass Sie keine Gedanken oder Gefühle mehr hätten – es ist, dass Sie sich nicht mehr mit ihnen verwechseln. Sie sind wie der Himmel, durch den Wolken ziehen, ohne ihn zu beflecken.

In moderner Sprache könnten wir sagen: Abgeschiedenheit ist die Fähigkeit, im Bewusstsein zu ruhen statt im Inhalt des Bewusstseins verloren zu sein. Es ist der Unterschied zwischen "Ich bin wütend" und "Ich bemerke Wut in mir". Der erste Satz ist Identifikation, der zweite ist Gewahrsein.

Diese Art von Abgeschiedenheit macht Sie nicht zu einem gefühllosen Roboter. Im Gegenteil: Wenn Sie nicht mehr in Ihren eigenen Dramen gefangen sind, haben Sie viel mehr Raum für echtes Mitgefühl. Sie können anderen wirklich zuhören, wirklich präsent sein, weil Sie nicht ständig auf sich selbst bezogen sind.

Eckhart sagte: "Gott kann nur in ein leeres Gefäß eingießen." Diese Leere ist keine Verneinung, sondern eine Offenheit. Es ist die Bereitschaft, die vorgefassten Meinungen, die festen Identitäten, die alten Geschichten loszulassen, damit etwas Neues, Frisches, Lebendiges eintreten kann.

1.4 Der Mut zum ersten Schritt

Praktische Übungen zum Einstieg

Jetzt, da wir die theoretischen Grundlagen erkundet haben, ist es Zeit für die Praxis. Denn Spiritualität ist keine Philosophie, die man versteht, sondern eine Wirklichkeit, die man lebt. Hier sind einige einfache, aber kraftvolle Übungen, mit denen Sie beginnen können:

Übung 1: Die Frage "Wer bin ich?"

Setzen Sie sich für 10 Minuten in Stille. Stellen Sie sich immer wieder die Frage: "Wer bin ich?" Nicht als mentale Übung, sondern als echte Untersuchung. Wenn Antworten kommen ("Ich bin Maria", "Ich bin Lehrer", "Ich bin Mutter"), fragen Sie weiter: "Wer ist sich dessen bewusst?" Gehen Sie immer tiefer, bis Sie zu dem kommen, was sich nicht mehr in Worte fassen lässt.

Übung 2: Der Zeuge

Während Sie Ihrem Alltag nachgehen, üben Sie, der Zeuge Ihrer Erfahrungen zu sein. Beobachten Sie Ihre Gedanken, ohne sich mit ihnen zu identifizieren. Beobachten Sie Ihre Gefühle, ohne von ihnen fortgerissen zu werden. Beobachten Sie Ihre Handlungen, als wären Sie ein freundlicher, neutraler Beobachter Ihres eigenen Lebens.

Diese Übung schafft Raum zwischen Ihnen und Ihren Erfahrungen. In diesem Raum liegt Ihre Freiheit.

Übung 3: Die Einheit sehen

Gehen Sie in die Natur. Setzen Sie sich unter einen Baum oder an einen Bach. Statt die verschiedenen Objekte zu sehen – Baum, Stein, Wasser – versuchen Sie, das eine Leben zu sehen, das sich in verschiedenen Formen ausdrückt. Spüren Sie die Lebendigkeit, die alles durchdringt. Erkennen Sie, dass dieselbe Lebenskraft, die den Baum wachsen lässt, auch in Ihnen pulsiert.

Die Kunst des bewussten Innehaltens

In unserer schnelllebigen Welt ist die Fähigkeit innezuhalten fast zu einer verlorenen Kunst geworden. Wir rennen von einer Aktivität zur nächsten, von einem Gedanken zum nächsten, ohne je wirklich anzukommen. Das bewusste Innehalten ist der Anfang der spirituellen Praxis.

Innehalten bedeutet nicht, nichts zu tun. Es bedeutet, aus dem Automatismus auszusteigen, präsent zu werden, wirklich da zu sein. Es kann so einfach sein wie drei bewusste Atemzüge zwischen zwei Tätigkeiten. Es kann bedeuten, wirklich zu schmecken, wenn Sie essen, statt nebenbei fernzusehen. Es kann bedeuten, einem Menschen wirklich in die Augen zu schauen, wenn Sie mit ihm sprechen.

Jedes bewusste Innehalten ist wie ein kleines Erwachen. Es unterbricht den Traumzustand des automatischen Funktionierens und bringt Sie zurück in die Gegenwart. Und die Gegenwart ist der einzige Ort, wo das Leben wirklich stattfindet, wo Transformation möglich ist.

Beginnen Sie klein. Setzen Sie sich dreimal am Tag einen Wecker und halten Sie für eine Minute inne. Spüren Sie Ihren Atem, spüren Sie Ihren Körper, werden Sie sich Ihrer Umgebung bewusst. Diese winzigen Inseln der Bewusstheit werden mit der Zeit wachsen und sich ausbreiten, bis Ihr ganzes Leben von Präsenz durchdrungen ist.

Ihr persönlicher Ausgangspunkt

Jeder spirituelle Weg beginnt dort, wo Sie gerade sind. Nicht dort, wo Sie gerne wären, nicht dort, wo Sie glauben sein zu sollen, sondern genau dort, wo Sie in diesem Moment stehen. Das ist eine befreiende Erkenntnis: Sie müssen nicht erst "besser" werden, um mit der spirituellen Praxis zu beginnen. Sie müssen nicht erst Ihre Probleme lösen, Ihre Neurosen überwinden, Ihr Leben in Ordnung bringen.

Tatsächlich sind oft gerade unsere Schwierigkeiten, unsere Schatten, unsere Wunden die Tore zum Erwachen. Das, woran wir am meisten leiden, kann unser größter Lehrer werden, wenn wir bereit sind, hinzuschauen statt wegzulaufen.

Nehmen Sie sich einen Moment Zeit, um ehrlich zu reflektieren: Was hat Sie zu diesem Buch geführt? Welche Sehnsucht, welcher Schmerz, welche Frage brennt in Ihnen? Das ist Ihr Ausgangspunkt, Ihr heiliger Grund. Ehren Sie ihn, denn er ist der Beginn Ihrer Reise nach Hause.

Vielleicht ist es eine diffuse Unzufriedenheit mit dem Leben, wie es ist. Vielleicht ist es eine konkrete Krise – eine Trennung, ein Verlust, eine Krankheit. Vielleicht ist es einfach die leise Ahnung, dass es mehr geben muss.

Was auch immer es ist, es ist perfekt. Es ist genau das, was Sie brauchen, um aufzuwachen.

Der spirituelle Weg ist kein Luxus für die wenigen, die Zeit und Muße haben. Er ist eine Notwendigkeit für jeden, der wirklich leben will statt nur zu existieren. Er ist die Antwort auf die tiefsten Fragen des menschlichen Herzens. Und er beginnt mit einem einzigen Schritt – dem Schritt, den Sie gerade tun, indem Sie diese Worte lesen und in sich wirken lassen.

Willkommen auf dem Weg. Willkommen zu Hause.

Kapitel 2: Das Paradox des Suchens

- Finden durch Loslassen

Es war an einem gewöhnlichen Dienstagmorgen, als Maria die Erleuchtung suchte. Sie hatte schon alles versucht: zehn Jahre Yoga, fünf verschiedene Meditationstechniken, drei Vipassana-Retreats, unzählige Bücher. An diesem Morgen saß sie wieder auf ihrem Meditationskissen, die Beine schmerzten, der Rücken war verspannt, und in ihrem Kopf tobte der übliche Sturm aus Gedanken, Plänen und Selbstkritik.

"Warum klappt es bei mir nicht?", fragte sie sich zum tausendsten Mal. "Was mache ich falsch?"

Und dann, in einem Moment völliger Erschöpfung und Resignation, gab sie auf. Nicht die Meditation – sie saß weiter da. Aber sie gab das Suchen auf, das Streben, das

Wollen. Für einen kostbaren Moment war sie einfach nur da, ohne irgendwohin zu wollen, ohne irgendetwas zu erreichen.

In diesem Moment der Kapitulation geschah es. Die Grenzen lösten sich auf. Der Suchende verschwand, und nur noch das Sein blieb. Maria lachte und weinte gleichzeitig, als sie erkannte: Das, wonach sie so verzweifelt gesucht hatte, war die ganze Zeit da gewesen. Sie hatte es nur nicht sehen können, weil sie zu beschäftigt damit war zu suchen.

Diese Geschichte illustriert das zentrale Paradox des spirituellen Weges: Wir finden, indem wir aufhören zu suchen. Wir erreichen, indem wir loslassen. Wir werden, indem wir aufhören werden zu wollen.

2.1 Krishnamurtis Revolution: "Der Beobachter ist das Beobachtete"

Die Täuschung der Dualität

Jiddu Krishnamurti war ein spiritueller Revolutionär. Er weigerte sich, ein Guru zu sein, gründete keine Schule, hinterließ keine Nachfolger. Seine Botschaft war radikal einfach und einfach radikal: Die Wahrheit ist ein pfadloses Land, und die fundamentale Ursache menschlichen Leidens ist die Illusion der Trennung zwischen dem Beobachter und dem Beobachteten.

Was meinte er damit? Schauen wir uns an, wie unser normales Bewusstsein funktioniert. Da ist "Ich", der Beobachter, und da ist "meine Wut", das Beobachtete. "Ich" versucht, "meine Wut" zu kontrollieren, zu unterdrücken, zu verstehen, loszuwerden. Diese Trennung erscheint uns so selbstverständlich, dass wir sie nie hinterfragen.

Aber Krishnamurti lädt uns ein, genauer hinzuschauen. Wer ist dieses "Ich", das die Wut beobachtet? Ist es nicht selbst ein Gedanke, eine Konstruktion? Und entsteht dieses "Ich" nicht erst in dem Moment, in dem es sich von etwas abgrenzt?

Es ist wie mit einer Welle, die sagt: "Ich bin hier, und der Ozean ist dort." Die Welle existiert nur als Bewegung des Ozeans. Die Trennung ist eine begriffliche Konstruktion, keine Realität. Genauso ist der Beobachter eine Bewegung des Bewusstseins, nicht getrennt von dem, was beobachtet wird.

Diese Erkenntnis ist revolutionär, weil sie die Grundlage unseres normalen Funktionierens untergräbt. Wenn der Beobachter das Beobachtete ist, dann gibt es niemanden, der etwas ändern müsste. Es gibt nur das, was ist, in seiner Ganzheit gesehen.

Wie wir uns selbst im Weg stehen

Das größte Hindernis auf dem spirituellen Weg sind wir selbst – genauer gesagt, die Illusion eines getrennten Selbst, das irgendwohin gelangen muss. Dieses illusionäre Selbst ist wie ein Hund, der seinem eigenen Schwanz hinterherjagt. Je schneller er rennt, desto schneller entkommt ihm der Schwanz.

Beobachten Sie, wie sich das in Ihrer eigenen Praxis zeigt. Sie meditieren, um friedlich zu werden – aber wer will friedlich werden? Das unfriedliche Ich. Sie streben nach Erleuchtung – aber wer strebt? Das unerleuchtete Ich. Der Strebende und das Streben entstehen gemeinsam und erhalten sich gegenseitig aufrecht.

Es ist, als würden Sie versuchen, Ihre eigenen Fußspuren einzuholen. Mit jedem Schritt, den Sie machen, um sie zu erreichen, schaffen Sie neue Spuren. Die Bewegung selbst ist das Problem, nicht die Lösung.

Das bedeutet nicht, dass spirituelle Praxis nutzlos wäre. Es bedeutet, dass wir die Praxis mit einem anderen Verständnis angehen müssen. Statt zu praktizieren, um irgendwo anzukommen, praktizieren wir, um zu erkennen, wo wir bereits sind. Statt zu meditieren, um uns zu verändern, meditieren wir, um zu sehen, wer wir wirklich sind.

Die Befreiung durch direktes Sehen

Krishnamurti sprach oft vom "direkten Sehen" – einer Wahrnehmung, die nicht durch Gedanken, Konzepte oder Bewertungen gefiltert ist. Dieses direkte Sehen ist keine besondere Fähigkeit, die entwickelt werden muss. Es ist unsere natürliche Art wahrzunehmen, bevor der interpretierende Verstand eingreift.

Ein kleines Kind sieht eine Blume und ist völlig absorbiert in der Wahrnehmung – die Farben, die Form, der Duft. Es denkt nicht "Das ist eine Rose" oder "Rosen sind schön" oder "Diese Rose erinnert mich an...". Es gibt nur die direkte, unmittelbare Erfahrung.

Als Erwachsene haben wir diese Unmittelbarkeit verloren. Wir sehen die Welt durch einen dicken Filter aus Erinnerungen, Assoziationen, Bewertungen. Wir sehen nicht mehr die Rose – wir sehen unsere Idee von einer Rose.

Das direkte Sehen, von dem Krishnamurti spricht, ist die Rückkehr zu dieser ursprünglichen Frische der Wahrnehmung. Es bedeutet, die Welt zu sehen, als würden wir sie zum ersten Mal erblicken. Es bedeutet, uns selbst zu sehen ohne die Last der Vergangenheit, ohne die Geschichte, die wir uns über uns selbst erzählen.

In diesem direkten Sehen löst sich die Trennung zwischen Beobachter und Beobachtetem auf. Es gibt nur noch das Sehen selbst, die reine Wahrnehmung, das nackte Gewahrsein. Und in diesem Gewahrsein offenbart sich die Wahrheit unseres Seins.

2.2 Warum das Suchen selbst das Hindernis ist

Die Falle spiritueller Ambitionen

Der spirituelle Weg ist voller Paradoxe, und eines der größten ist dieses: Der Wunsch nach Erleuchtung kann selbst zum größten Hindernis für die Erleuchtung werden. Wie kann das sein? Wie kann etwas, das uns motiviert und antreibt, gleichzeitig das sein, was uns zurückhält?

Die Antwort liegt in der Natur des Wunsches selbst. Jeder Wunsch impliziert einen Mangel. Wenn ich mir Erleuchtung wünsche, sage ich damit: "Ich bin nicht erleuchtet." Diese Aussage wird zur sich selbst erfüllenden Prophezeiung. Indem ich mich als nicht-erleuchtet definiere, verfestige ich genau den Zustand, den ich überwinden möchte.

Spirituelle Ambitionen sind besonders tückisch, weil sie sich als edel und erhaben tarnen. "Ich will nicht reich oder berühmt werden", sagt das spirituelle Ego, "ich will erleuchtet werden!" Aber Ehrgeiz bleibt Ehrgeiz, egal wie erhaben das Ziel. Und Ehrgeiz basiert immer auf der Annahme, dass das, was ist, nicht genug ist.

Beobachten Sie Ihre eigenen spirituellen Ambitionen. Vielleicht wollen Sie der friedvollste, der bewussteste, der mitfühlendste Mensch werden. Vielleicht vergleichen Sie Ihre Meditationserfahrungen mit denen anderer. Vielleicht messen Sie Ihren "Fortschritt" an irgendeinem imaginären Standard.

All das ist menschlich und verständlich. Aber es ist auch die Falle, in die fast jeder spirituell Suchende tappt. Das spirituelle Ego ist noch raffinierter als das weltliche Ego, weil es sich hinter scheinbar selbstlosen Motiven versteckt.

Vom Werden zum Sein

Die gesamte Struktur unseres normalen Bewusstseins ist auf Werden ausgerichtet. Wir sind immer auf dem Weg irgendwohin – zum nächsten Ziel, zur nächsten Errungenschaft, zur nächsten Version unserer selbst. Diese Werdens-Orientierung ist so tief in uns verwurzelt, dass wir sie auch auf den spirituellen Weg übertragen.

Aber was, wenn der spirituelle Weg gar kein Weg des Werdens ist, sondern ein Weg des Seins? Was, wenn es nichts zu erreichen gibt, weil Sie bereits sind, was Sie zu werden versuchen?

Das ist keine Theorie oder ein netter Gedanke. Es ist die fundamentale Einsicht aller erwachten Wesen: Ihre wahre Natur ist bereits vollkommen, bereits ganz, bereits frei. Sie muss nicht entwickelt, verbessert oder erreicht werden. Sie muss nur erkannt werden.

Der Shift vom Werden zum Sein ist wie das Erwachen aus einem Traum. Im Traum rennen Sie vielleicht einem Ziel hinterher, kämpfen gegen Hindernisse, streben nach Erfüllung. Beim Erwachen erkennen Sie: Sie lagen die ganze Zeit sicher in Ihrem Bett. Die ganze Dramatik war nur im Traum.

Genauso ist es mit dem spirituellen Erwachen. Sie erkennen, dass Sie nie wirklich von Ihrer wahren Natur getrennt waren. Die ganze Suche, das ganze Streben, war nur ein Traum des Getrenntseins.

Die Gnade des Aufgebens

Es gibt einen Moment auf dem spirituellen Weg, der oft als dunkelste Stunde vor der Dämmerung beschrieben wird. Es ist der Moment, in dem alle Bemühungen erschöpft sind, alle Techniken versagt haben, alle Hoffnungen gestorben sind. Es ist der Moment des totalen Aufgebens.

Dieses Aufgeben ist nicht Resignation oder Depression. Es ist nicht das Aufgeben aus Schwäche, sondern das Aufgeben aus Einsicht. Es ist die Erkenntnis, dass das Ich, das versucht sich zu befreien, selbst die Gefangenschaft ist.

In der christlichen Mystik wird dieser Moment als "dunkle Nacht der Seele" beschrieben. In Zen heißt es: "Wenn du Buddha auf der Straße triffst, töte ihn" – lass alle Konzepte los, auch die heiligsten. Im Sufismus spricht man von "fana" – der Auslöschung des falschen Selbst.

Das Paradoxe ist: Dieses Aufgeben kann nicht gemacht werden. Sie können nicht beschließen aufzugeben, denn wer würde diesen Beschluss fassen? Das Ich, das aufgeben will. Das wäre nur eine weitere Strategie, ein weiterer Versuch, irgendwo anzukommen.

Das wahre Aufgeben geschieht von selbst, wenn alle Möglichkeiten erschöpft sind. Es ist wie ein Ertrinkender, der aufhört zu kämpfen und entdeckt, dass das Wasser ihn trägt. Es ist wie ein Vogel, der gegen die Käfigstäbe fliegt, bis er erschöpft zu Boden sinkt – und erst dann bemerkt, dass die Käfigtür die ganze Zeit offen war.

2.3 Die Kunst des Nicht-Strebens im Streben

Wu Wei - Handeln ohne zu handeln

Die alte taoistische Weisheit des Wu Wei wird oft missverstanden als Passivität oder Tatenlosigkeit. Aber

Wu Wei bedeutet nicht, nichts zu tun. Es bedeutet, im Einklang mit dem natürlichen Fluss des Lebens zu handeln, ohne Zwang, ohne Gewalt gegen sich selbst oder andere.

Stellen Sie sich einen erfahrenen Segler vor. Er kämpft nicht gegen den Wind – er nutzt ihn. Er zwingt das Boot nicht in eine Richtung – er arbeitet mit den Elementen. Seine Kunst besteht darin zu wissen, wann er eingreifen und wann er geschehen lassen muss.

So ist es auch mit der spirituellen Praxis. Es gibt Zeiten des aktiven Übens – Meditation, Kontemplation, Selbsterforschung. Und es gibt Zeiten des Geschehenlassens, des Sich-Übergebens an das, was ist. Die Kunst liegt darin zu spüren, was in jedem Moment angemessen ist.

Wu Wei auf dem spirituellen Weg bedeutet, mit Ihrer eigenen Entfaltung zu kooperieren statt sie erzwingen zu wollen. Es ist wie bei einer Blume – Sie können nicht an den Blütenblättern ziehen, um sie schneller zu öffnen. Sie können nur die richtigen Bedingungen schaffen – Wasser, Licht, gute Erde – und dann vertrauen.

Balance zwischen Bemühen und Geschehenlassen

Eine der häufigsten Fragen auf dem spirituellen Weg ist: "Soll ich mich anstrengen oder soll ich loslassen?" Die Antwort ist: beides – aber nicht gleichzeitig.

Es ist wie beim Schwimmen. Wenn Sie nur strampeln, erschöpfen Sie sich und gehen unter. Wenn Sie nur treiben, kommen Sie nirgendwo an. Die Kunst des Schwimmens liegt in der rhythmischen Abwechslung von Aktivität und Entspannung, von Krafteinsatz und Gleiten.

In der Meditation können Sie das direkt erfahren. Am Anfang braucht es oft Anstrengung – die Disziplin, sich hinzusetzen, die Konzentration, beim Atem zu bleiben, die Geduld, mit Unruhe umzugehen. Aber irgendwann kippt es. Die Anstrengung wird zum Hindernis. Jetzt geht es darum loszulassen, zu erlauben, geschehen zu lassen.

Der Fehler vieler Praktizierender ist, in einem Modus stecken zu bleiben. Manche bleiben im Modus der Anstrengung – sie meditieren verbissen, kämpfen gegen jeden Gedanken, zwingen sich zu immer längeren Sitzungen. Andere verfallen in spirituelle Trägheit – sie "lassen los" als Ausrede für Nachlässigkeit, verwechseln Gleichgültigkeit mit Gleichmut.

Die Balance zu finden ist eine Kunst, die sich nur durch Erfahrung entwickelt. Es ist wie Fahrradfahren – am Anfang schwanken Sie zwischen zu viel nach links und zu viel nach rechts. Mit der Zeit finden Sie die Mitte, und was schwierig war, wird mühelos.

Praktische Paradoxien für den Alltag

Wie können wir diese paradoxe Weisheit in unser tägliches Leben integrieren? Hier sind einige praktische Anwendungen:

Das Paradox der Akzeptanz: Vollständige Akzeptanz dessen, was ist, ist oft der erste Schritt zur Veränderung. Wenn Sie aufhören, gegen Ihre Angst zu kämpfen, verliert sie ihre Macht. Wenn Sie Ihre Wut vollständig fühlen, ohne sie auszuagieren oder zu unterdrücken, transformiert sie sich von selbst.

Das Paradox der Kontrolle: Je mehr Sie versuchen, Ihr Leben zu kontrollieren, desto mehr entgleitet es Ihnen. Je mehr Sie loslassen, desto mehr Einfluss haben Sie. Es ist wie mit einem Vogel in der Hand – halten Sie zu fest, erdrücken Sie ihn; halten Sie zu locker, fliegt er davon. Die richtige Haltung ist sanft, aber sicher.

Das Paradox der Zeit: Wenn Sie keine Zeit haben zu meditieren, ist das genau die Zeit, in der Sie es am meisten brauchen. Wenn Sie sich die Zeit nehmen, innezuhalten und präsent zu werden, dehnt sich paradoxerweise die Zeit. Sie haben plötzlich mehr Zeit, weil Sie nicht mehr gehetzt durchs Leben rennen.

Das Paradox der Stärke: Wahre Stärke zeigt sich in der Fähigkeit, verletzlich zu sein. Wahre Macht liegt im Dienen, nicht im Herrschen. Der Weise erscheint oft wie ein Narr, weil er die Weisheit der Einfachheit kennt.

Diese Paradoxien sind keine intellektuellen Spielereien. Sie sind Wegweiser zu einer tieferen Wahrheit, die jenseits der dualistischen Logik unseres Verstandes liegt. In der Welt der Einheit fallen alle Gegensätze zusammen. Was paradox erscheint, ist nur die begrenzte Perspektive des trennenden Verstandes.

2.4 Den inneren Konflikt beenden

Übungen zur Auflösung des Widerstands

Der innere Konflikt ist das Grundmuster des unerwachten Bewusstseins. Ein Teil von uns will meditieren, ein anderer will fernsehen. Ein Teil strebt nach Erleuchtung, ein anderer nach weltlichem Erfolg. Diese inneren Kämpfe rauben uns Energie und halten uns in einem Zustand chronischer Spannung.

Hier ist eine kraftvolle Übung zur Auflösung innerer Konflikte:

Die Dialog-Übung: Setzen Sie sich ruhig hin und identifizieren Sie einen aktuellen inneren Konflikt. Vielleicht zwischen Disziplin und Freiheit, zwischen Alleinsein und Gemeinschaft, zwischen spirituellem Streben und weltlichen Wünschen.

Geben Sie beiden Seiten eine Stimme. Lassen Sie sie miteinander sprechen, nicht kämpfen. Die disziplinierte Seite sagt vielleicht: "Ich will, dass du dein volles Potenzial entfaltest." Die freiheitsliebende Seite antwortet: "Ich will, dass du das Leben genießt und spontan bist."

Hören Sie tiefer hin. Was will jede Seite wirklich? Meist wollen beide dasselbe – Ihr Wohlergehen – nur auf verschiedene Weise. Wenn Sie das erkennen, löst sich der Konflikt oft von selbst. Die Gegensätze erweisen sich als komplementäre Aspekte eines Ganzen.

Mit dem fließen, was ist

"Mit dem fließen, was ist" – diese Phrase wird oft missverstanden als passive Resignation. "Ich kann ja doch nichts ändern, also füge ich mich in mein Schicksal." Das ist nicht gemeint.

Mit dem zu fließen, was ist, bedeutet, die Realität des gegenwärtigen Moments vollständig anzuerkennen, bevor Sie handeln. Es bedeutet, den nutzlosen Widerstand gegen das, was bereits geschehen ist, aufzugeben. Es bedeutet, Ihre Energie nicht in Kämpfe gegen Windmühlen zu verschwenden, sondern sie weise einzusetzen.

Wenn Sie im Stau stehen, können Sie sich ärgern, fluchen, hupen – aber der Stau löst sich dadurch nicht auf. Sie fügen nur Ihrem eigenen Leiden Leiden hinzu. Oder Sie können die Situation akzeptieren und fragen: "Was ist jetzt möglich?" Vielleicht ein Moment der Stille, ein Telefongespräch mit einem Freund, eine improvisierte Meditation.

Das ist der Unterschied: Widerstand macht Sie zum Opfer der Umstände. Akzeptanz macht Sie zum bewussten Gestalter Ihrer Erfahrung. Sie können die äußeren Umstände vielleicht nicht ändern, aber Sie können wählen, wie Sie darauf antworten.

Diese Haltung ist unglaublich befreiend. Plötzlich gibt es keine "schlechten" Erfahrungen mehr, nur noch Erfahrungen. Jede Situation wird zu einer Gelegenheit, Präsenz zu üben, Weisheit zu entwickeln, Liebe zu verkörpern.

Die Stille zwischen den Gedanken finden

Zwischen zwei Gedanken gibt es eine Lücke. Zwischen dem Ausatmen und dem Einatmen gibt es eine Pause. Zwischen zwei Herzschlägen gibt es einen Moment der Stille. Diese Zwischenräume sind Tore zur Unendlichkeit.

Meist bemerken wir diese Lücken nicht, weil unsere Aufmerksamkeit auf die Inhalte fixiert ist – die Gedanken, nicht die Räume dazwischen; die Worte, nicht die Stille; die Noten, nicht die Pausen. Aber wie jeder Musiker weiß: Die Pausen sind genauso wichtig wie die Noten. Ohne sie wäre Musik nur Lärm.

Übung: Die Lücke wahrnehmen

Setzen Sie sich entspannt hin und beobachten Sie Ihre Gedanken, ohne sich in sie zu verstricken. Früher oder später werden Sie bemerken: Da ist eine winzige Lücke zwischen zwei Gedanken. Vielleicht nur eine Millisekunde, aber sie ist da.

Richten Sie Ihre Aufmerksamkeit auf diese Lücke. Versuchen Sie nicht, sie zu verlängern – das würde nur neue Gedanken erzeugen. Bemerken Sie sie einfach. Mit der Zeit werden Sie sensibler für diese Momente der Stille.

In diesen Lücken offenbart sich Ihre wahre Natur. Dort gibt es keinen Denker, nur reines Bewusstsein. Dort gibt es keine Zeit, nur ewige Gegenwart. Dort gibt es keine Probleme, nur Sein.

Diese Erfahrung, so flüchtig sie anfangs sein mag, ist revolutionär. Sie zeigt Ihnen, dass Sie nicht Ihre Gedanken sind. Sie sind das Bewusstsein, in dem Gedanken auftauchen und vergehen wie Wolken am Himmel.

Mit der Zeit werden diese Momente der Stille häufiger und länger. Nicht weil Sie sich anstrengen, sondern weil Sie aufhören, sich anzustrengen. Die Stille war immer da – Sie waren nur zu beschäftigt, um sie zu bemerken.

Und eines Tages geschieht das Wunder: Die Stille im Hintergrund wird lauter als der Lärm im Vordergrund. Sie erkennen, dass die Stille Ihre wahre Heimat ist, und die Gedanken nur Besucher, die kommen und gehen. Sie sind zu Hause angekommen, ohne je fortgegangen zu sein.

Das ist das Ende des Suchens. Nicht weil Sie gefunden haben, was Sie suchten, sondern weil Sie erkannt haben, dass Sie das sind, wonach Sie suchten. Der Suchende, das

Suchen und das Gesuchte fallen in eins zusammen. Was bleibt, ist die stille Präsenz, die Sie immer waren und immer sein werden.

Kapitel 3: Die Kraft der Gegenwart

- Das Tor zum Sein

Es war 3:47 Uhr morgens, als Thomas aus einem Albtraum hochschreckte. Schweißgebadet lag er da, das Herz raste, und sofort begann die vertraute Gedankenspirale: Die unbezahlten Rechnungen, das schwierige Gespräch mit seinem Chef morgen, die Sorge um seine kranke Mutter, die Angst vor der Zukunft. Sein Geist sprang von der Vergangenheit ("Hätte ich doch damals...") in die Zukunft ("Was wird, wenn...") und zurück.

Dann erinnerte er sich an etwas, das er gelesen hatte. Statt gegen die Angst anzukämpfen, begann er, sich auf seinen Atem zu konzentrieren. Ein Atemzug. Noch einer. Die kühle Luft, die durch seine Nase strömte. Die Bewegung seiner Brust. Langsam weitete sich seine Aufmerksamkeit aus. Das Ticken der Uhr. Das Rauschen eines vorbeifahrenden Autos. Die Wärme der Decke auf seiner Haut.

Plötzlich wurde ihm klar: In diesem Moment, genau jetzt, war er sicher. Das Bett war weich, das Zimmer war warm, er atmete. Alle seine Probleme existierten nur in seinen

Gedanken über Vergangenheit und Zukunft. Aber hier, jetzt, in diesem Augenblick, war alles in Ordnung.

Zum ersten Mal in seinem Leben berührte Thomas die transformative Kraft der Gegenwart. Es war, als hätte sich eine Tür geöffnet, von deren Existenz er nichts gewusst hatte. Hinter dieser Tür lag nicht nur Frieden, sondern eine Lebendigkeit, eine Fülle, die alle seine Vorstellungen überstieg.

3.1 Das Jetzt als einzige Realität

Eckhart Tolles Lehre neu verstanden

Als Eckhart Tolles "Jetzt! Die Kraft der Gegenwart" erschien, löste es eine weltweite Bewegung aus. Millionen von Menschen erkannten sich in seiner Beschreibung des ruhelosen Verstandes wieder, der ständig in Vergangenheit und Zukunft lebt und dabei das einzig Reale verpasst: den gegenwärtigen Moment.

Aber Tolles Lehre ist mehr als eine Technik zur Stressreduktion. Sie ist eine radikale Aussage über die Natur der Realität selbst. Seine zentrale Einsicht: Nur das Jetzt existiert wirklich. Vergangenheit und Zukunft sind mentale Konstrukte, Gedankenformen ohne eigene Realität.

Das klingt zunächst absurd. Natürlich gab es eine Vergangenheit – wir haben Fotos, Erinnerungen, historische Aufzeichnungen. Natürlich wird es eine

Zukunft geben – die Sonne wird morgen aufgehen, Termine stehen im Kalender.

Aber schauen Sie genauer hin: Wo existiert die Vergangenheit? Nur in Ihrer Erinnerung – und diese Erinnerung geschieht jetzt. Wo existiert die Zukunft? Nur in Ihrer Vorstellung – und diese Vorstellung geschieht jetzt. Selbst wenn Sie sich an gestern erinnern oder an morgen denken, tun Sie es jetzt.

Die Vergangenheit war einmal ein Jetzt. Die Zukunft wird einmal ein Jetzt sein. Aber das einzige Jetzt, das Sie je erfahren können, ist dieses Jetzt. Leben geschieht nicht in der Vergangenheit oder Zukunft. Leben geschieht jetzt.

Zeit als mentales Konstrukt

Die moderne Physik bestätigt auf verblüffende Weise, was Mystiker schon immer wussten: Zeit, wie wir sie normalerweise verstehen, ist eine Illusion. Einstein zeigte, dass Zeit relativ ist, dass es kein universelles "Jetzt" gibt, dass Vergangenheit, Gegenwart und Zukunft gleichzeitig existieren.

Aber wir brauchen keine Quantenphysik, um die Illusion der Zeit zu durchschauen. Wir können es direkt erfahren. Erinnern Sie sich an Momente völliger Absorption – vielleicht beim Sport, beim Musizieren, beim Lieben. In solchen Momenten verschwindet die Zeit. Stunden vergehen wie Minuten. Oder ein Augenblick dehnt sich zur Ewigkeit.

Was zeigt uns das? Zeit ist keine objektive Realität "da draußen", sondern eine Funktion des Bewusstseins.

Der denkende Verstand erschafft Zeit, indem er Erfahrungen in "vorher" und "nachher" einteilt, indem er vergleicht, plant, erinnert. Ohne diese mentale Aktivität gibt es nur das zeitlose Jetzt.

Das bedeutet nicht, dass "Uhrzeit" nutzlos wäre. Für das praktische Leben brauchen wir Kalender und Termine. Aber wir müssen unterscheiden zwischen der praktischen Nutzung von Zeit und der psychologischen Zeit – dem zwanghaften Leben in Vergangenheit und Zukunft.

Die psychologische Zeit ist die Wurzel enormen Leidens. Depression ist oft mit der Vergangenheit verbunden – Bedauern, Schuld, Trauer über das, was war. Angst ist mit der Zukunft verbunden – Sorge über das, was kommen könnte. Beide existieren nur im Kopf.

Die Befreiung vom Zeitgefängnis

Wie befreien wir uns aus dem Gefängnis der Zeit? Nicht indem wir versuchen, nicht mehr zu denken – das wäre nur ein weiterer Gedanke. Nicht indem wir uns zwingen, im Jetzt zu sein – das Jetzt kann nicht erzwungen werden. Die Befreiung geschieht durch Gewahrsein.

Bemerken Sie, wenn Ihr Geist in die Vergangenheit oder Zukunft abdriftet. Kein Urteil, keine Kritik – nur bemerken. "Ah, da bin ich wieder in der Zukunft."

"Interessant, jetzt hänge ich in der Vergangenheit fest." Dieses einfache Bemerken bringt Sie zurück ins Jetzt.

Es ist wie bei einem Traum. Solange Sie träumen, scheint der Traum real. Aber in dem Moment, in dem Sie erkennen "Ich träume!", ändert sich alles. Sie sind immer noch im Traum, aber Sie sind nicht mehr vom Traum gefangen. Genauso ist es mit der Zeit. Sie können immer noch Pläne machen und sich erinnern, aber Sie sind nicht mehr Gefangener Ihrer Pläne und Erinnerungen.

Übung: Der Zeitzeugen-Check

Mehrmals am Tag, stellen Sie sich die Frage: "Wo bin ich gerade zeitlich?" Sind Sie gedanklich in der Vergangenheit? In der Zukunft? Oder sind Sie hier, jetzt?

Wenn Sie bemerken, dass Sie in der Zeit verloren sind, nutzen Sie Ihre Sinne als Anker: Was sehen Sie jetzt? Was hören Sie jetzt? Was spüren Sie jetzt? Die Sinne existieren nur in der Gegenwart. Sie können sich nicht an einen Geruch erinnern oder einen zukünftigen Ton hören. Sinneswahrnehmung ist immer jetzt.

3.2 Neurologische Grundlagen der Präsenz

Was in unserem Gehirn geschieht

Die Neurowissenschaft hat in den letzten Jahrzehnten faszinierende Entdeckungen über die Mechanismen der Präsenz gemacht. Wenn wir völlig gegenwärtig sind, zeigt unser Gehirn ein charakteristisches Aktivitätsmuster.

Das Default Mode Network (DMN), auch Ruhezustandsnetzwerk genannt, ist normalerweise aktiv, wenn wir "nichts tun". Es ist verantwortlich für das mentale Zeitreisen, das Grübeln, die Selbstreferenz. Bei Menschen mit Depression oder Angststörungen ist dieses Netzwerk oft überaktiv.

In Zuständen tiefer Präsenz – sei es in der Meditation, im Flow oder in Momenten spontaner Gegenwärtigkeit – reduziert sich die Aktivität des DMN dramatisch. Gleichzeitig erhöht sich die Aktivität in Bereichen, die mit direkter Sinneswahrnehmung und Aufmerksamkeit verbunden sind.

Das ist keine esoterische Spekulation, sondern messbare Neurobiologie. Gehirnscans von Meditierenden zeigen diese Verschiebung deutlich. Mit regelmäßiger Praxis werden diese Veränderungen dauerhaft. Das Gehirn ist plastisch – es formt sich entsprechend unserer Gewohnheiten.

Die Wissenschaft der Achtsamkeit

Die wissenschaftliche Erforschung der Achtsamkeit hat eine Fülle von Belegen für ihre positiven Auswirkungen erbracht. Regelmäßige Achtsamkeitspraxis:

- Reduziert die Größe der Amygdala (Angstzentrum)
- Vergrößert den präfrontalen Kortex (bewusste Kontrolle)
- Erhöht die graue Substanz in Bereichen für Lernen und Gedächtnis

- Stärkt die Verbindungen zwischen verschiedenen Gehirnregionen
- Verändert die Genexpression in Richtung reduzierter Entzündung

Diese Veränderungen sind nicht subtil – sie sind dramatisch und messbar. Nach nur acht Wochen Achtsamkeitstraining zeigen sich signifikante strukturelle Veränderungen im Gehirn. Das ist, als würden Sie Ihr Gehirn buchstäblich umbauen.

Aber die wichtigste Entdeckung ist vielleicht diese: Das Gehirn im Zustand der Präsenz ist kohärenter, integrierter, harmonischer. Verschiedene Regionen, die normalerweise getrennt arbeiten, beginnen zu synchronisieren. Es ist, als würde ein Orchester, das vorher kakophonisch spielte, plötzlich eine Symphonie aufführen.

Neue Erkenntnisse der Bewusstseinsforschung

Die moderne Bewusstseinsforschung stellt einige unserer grundlegendsten Annahmen in Frage. Die materialistische Sichtweise – Bewusstsein als Nebenprodukt des Gehirns – wird zunehmend hinterfragt.

Studien zu Nahtoderfahrungen zeigen komplexe Bewusstseinserfahrungen bei minimaler Gehirnaktivität. Forschungen zu Meditation zeigen Bewusstseinszustände, die unsere normalen Kategorien sprengen. Quantenphysik-Experimente deuten darauf hin, dass Bewusstsein eine fundamentale Rolle in der Struktur der Realität spielt.

Eine wachsende Zahl von Wissenschaftlern vertritt die Ansicht, dass Bewusstsein nicht vom Gehirn produziert wird, sondern dass das Gehirn eher wie ein Empfänger oder Transformator für Bewusstsein funktioniert. Diese Sichtweise kommt den Einsichten der Mystiker sehr nahe.

Was bedeutet das für unsere Praxis? Es bedeutet, dass Präsenz nicht nur ein angenehmer Geisteszustand ist. Es ist ein Tor zu einer tieferen Ebene der Realität. Wenn wir wirklich präsent sind, sind wir nicht nur entspannter oder fokussierter. Wir sind in Kontakt mit der Grundlage des Seins selbst.

3.3 Hindernisse der Gegenwärtigkeit

Der rastlose Verstand

Der größte Feind der Präsenz ist der rastlose Verstand – im Buddhismus treffend als "Affengeist" bezeichnet. Wie ein Affe, der von Ast zu Ast springt, springt unser Verstand von Gedanke zu Gedanke, ohne je zur Ruhe zu kommen.

Dieser rastlose Verstand ist kein persönlicher Fehler. Es ist ein evolutionäres Erbe. Unsere Vorfahren überlebten, indem sie ständig die Umgebung nach Gefahren absuchten, indem sie planten und sich erinnerten. Der Verstand, der ständig beschäftigt ist, war ein Überlebensvorteil.

Aber was einst half zu überleben, ist heute oft die Quelle unseres Leidens. Wir leben nicht mehr in der Savanne, umgeben von Säbelzahntigern. Die meisten unserer "Gefahren" sind imaginär – was andere von uns denken könnten, was in der Zukunft schiefgehen könnte, wie wir in der Vergangenheit versagt haben.

Der rastlose Verstand ernährt sich von Problemen. Wenn es keine gibt, erfindet er welche. Er liebt Drama, Komplexität, Konflikt. Stille und Einfachheit sind sein Tod – deshalb wehrt er sich so vehement dagegen.

Die Kommentar-Funktion abstellen

Eine hilfreiche Metapher: Stellen Sie sich vor, Sie schauen einen Film, und neben Ihnen sitzt jemand, der ständig kommentiert. "Oh, das ist der Bösewicht!" "Jetzt wird es spannend!" "Das erinnert mich an einen anderen Film..." Nach einer Weile hören Sie nur noch die Kommentare und verpassen den Film.

Genauso ist es mit dem Verstand. Das Leben entfaltet sich vor uns in seiner ganzen Pracht, aber wir hören nur die Kommentare unseres Verstandes. "Das mag ich." "Das mag ich nicht." "Das erinnert mich an..." "Was wäre wenn..."

Die Lösung ist nicht, den Kommentator zum Schweigen zu bringen – das funktioniert nicht. Die Lösung ist, die Aufmerksamkeit vom Kommentar zum Film zu verlagern. Die Kommentare mögen weitergehen, aber Sie identifizieren sich nicht mehr mit ihnen.

Emotionale Altlasten

Ein weiteres großes Hindernis für Präsenz sind unverarbeitete Emotionen aus der Vergangenheit. Eckhart

Tolle nennt sie den "Schmerzkörper" – eine Ansammlung alter emotionaler Schmerzen, die in uns leben und periodisch aktiviert werden.

Jeder von uns trägt solche Altlasten. Kindheitstraumata, Enttäuschungen, Verluste, Demütigungen – all das hinterlässt Spuren in unserem System. Diese alten Schmerzen warten im Untergrund und werden durch gegenwärtige Ereignisse getriggert.

Wenn Ihr Partner etwas sagt, das Sie an Kritik aus Ihrer Kindheit erinnert, reagieren Sie nicht auf die gegenwärtige Situation. Sie reagieren auf die Vergangenheit. Der gegenwärtige Moment wird durch den Filter alter Schmerzen verzerrt.

Diese emotionalen Altlasten halten uns in der Zeit gefangen. Wir können nicht wirklich präsent sein, wenn ein Teil von uns noch in der Vergangenheit feststeckt. Deshalb ist emotionale Heilung ein wichtiger Teil des spirituellen Weges.

Präsenz als Heilmittel

Das Paradoxe ist: Präsenz selbst ist das wirksamste Heilmittel für emotionale Altlasten. Wenn alte Schmerzen hochkommen, ist unsere gewohnheitsmäßige Reaktion, sie wegzudrücken oder uns in ihnen zu verlieren. Beides hält den Schmerz am Leben.

Die Alternative ist radikale Präsenz mit dem, was ist. Wenn Trauer aufsteigt, seien Sie vollkommen präsent mit der Trauer. Wenn Wut kommt, seien Sie präsent mit der Wut. Nicht die Geschichte über die Wut, nicht die Rechtfertigung – nur die pure Energie der Emotion selbst.

In dieser vollkommenen Präsenz geschieht Alchemie. Die festgefrorene Energie der alten Emotion beginnt zu schmelzen und sich zu transformieren. Was jahrelang im Untergrund brodelte, kann endlich ans Licht kommen und sich auflösen.

Die Sucht nach Zukunft und Vergangenheit

Die vielleicht subtilste Form der Präsenz-Vermeidung ist unsere Sucht nach mentaler Zeitreise. Wir sind buchstäblich süchtig danach, in Vergangenheit und Zukunft zu leben.

Beobachten Sie sich selbst: Wie oft am Tag schweifen Sie ab in Erinnerungen? Wie oft verlieren Sie sich in Zukunftsfantasien? Für viele Menschen macht dies 90% oder mehr ihrer wachen Zeit aus. Sie sind körperlich anwesend, aber geistig abwesend.

Diese Sucht hat ihre Wurzeln in der Unfähigkeit, mit der Intensität des gegenwärtigen Moments umzugehen. Das Jetzt kann überwältigend sein in seiner Unmittelbarkeit. Die Vergangenheit ist sicher – sie ist bereits geschehen. Die Zukunft ist kontrollierbar – zumindest in unserer Fantasie. Aber das Jetzt ist unvorhersehbar, lebendig, fordernd.

Wie jede Sucht bietet auch die Zeitsucht kurzfristige Erleichterung, aber langfristiges Leiden. Wir entfliehen dem Unbehagen des Moments, aber verpassen dabei das Leben selbst. Wir leben in einer selbstgeschaffenen virtuellen Realität, während die echte Realität an uns vorbeizieht.

3.4 Praktische Verankerung im Moment

Die 5-4-3-2-1 Technik erweitert

Die 5-4-3-2-1 Technik ist eine bewährte Methode, um schnell ins Jetzt zurückzukehren. Die Grundversion ist einfach:

- Nennen Sie 5 Dinge, die Sie sehen
- 4 Dinge, die Sie hören
- 3 Dinge, die Sie körperlich spüren
- 2 Dinge, die Sie riechen
- 1 Sache, die Sie schmecken

Diese Technik funktioniert, weil sie Ihre Aufmerksamkeit auf die unmittelbare Sinneserfahrung lenkt. Aber wir können sie vertiefen und zu einer spirituellen Praxis erweitern:

Die erweiterte Version:

Beginnen Sie wie oben, aber statt die Dinge nur zu benennen, verweilen Sie bei jeder Wahrnehmung. Wenn Sie einen Baum sehen, schauen Sie wirklich. Sehen Sie die Textur der Rinde, das Spiel von Licht und Schatten, die Bewegung der Blätter. Werden Sie eins mit dem Sehen.

Wenn Sie einen Vogel hören, lauschen Sie vollkommen. Nicht nur dem Klang, sondern der Stille, aus der er kommt und in die er zurückkehrt. Bemerken Sie, wie der Klang in Ihrem Bewusstsein erscheint und wieder verschwindet.

Am Ende, nachdem Sie durch alle Sinne gegangen sind, fragen Sie: "Wer nimmt all dies wahr?" Lenken Sie die

Aufmerksamkeit auf das wahrnehmende Bewusstsein selbst. Ruhen Sie für einen Moment in diesem reinen Gewahrsein.

Atem als Anker der Präsenz

Der Atem ist das perfekte Tor zur Gegenwart. Er ist immer da, immer jetzt. Sie können nicht den Atem von gestern atmen oder den von morgen. Jeder Atemzug ist einzigartig, frisch, neu.

Gleichzeitig ist der Atem die Brücke zwischen dem Willkürlichen und dem Unwillkürlichen, zwischen Körper und Geist, zwischen innen und außen. Er ist autonom und doch beeinflussbar. Er verbindet uns mit allem Lebendigen – wir teilen die Luft mit allen Wesen.

Die Praxis des bewussten Atmens:

Beginnen Sie einfach damit, Ihren natürlichen Atem zu beobachten. Verändern Sie nichts, kontrollieren Sie nichts. Seien Sie wie ein Wissenschaftler, der ein faszinierendes Phänomen studiert.

Bemerken Sie die Temperatur der Luft beim Ein- und Ausatmen. Die Bewegung Ihres Bauches und Ihrer Brust. Die kleine Pause zwischen den Atemzügen. Die Qualität jedes Atemzugs – ist er tief oder flach, schnell oder langsam, ruhig oder unruhig?

Mit der Zeit werden Sie feiner Nuancen gewahr. Sie spüren, wie der Atem Ihren ganzen Körper durchströmt. Sie bemerken, wie sich mit dem Atem auch Ihr

Geisteszustand verändert. Sie erfahren den Atem nicht mehr als mechanischen Vorgang, sondern als lebendigen Ausdruck des Lebens selbst.

Der Atem als Lehrer:

Der Atem lehrt uns die grundlegenden Rhythmen des Lebens: Nehmen und Geben, Fülle und Leere, Aktivität und Ruhe. Mit jedem Einatmen empfangen wir, mit jedem Ausatmen lassen wir los. Es ist ein ständiges Üben von Vertrauen – wir lassen die alte Luft los im Vertrauen, dass neue kommen wird.

Wenn Sie gestresst sind, wird Ihr Atem flach und schnell. Wenn Sie entspannt sind, wird er tief und langsam. Aber es funktioniert auch umgekehrt: Indem Sie bewusst tief und langsam atmen, signalisieren Sie Ihrem System: "Alles ist gut, du kannst entspannen."

Mikromeditationen für den Alltag

Viele Menschen glauben, Meditation erfordere spezielle Bedingungen – einen ruhigen Raum, ein Meditationskissen, mindestens 20 Minuten Zeit. Diese formelle Meditation hat ihren Wert, aber wir können Meditation auch in den Alltag weben durch das, was ich "Mikromeditationen" nenne.

Eine Mikromeditation dauert zwischen 30 Sekunden und 3 Minuten. Sie kann überall durchgeführt werden – an der roten Ampel, in der Warteschlange, zwischen zwei Meetings. Der Schlüssel ist, diese kurzen Momente vollkommener Präsenz über den Tag zu verteilen.

Beispiele für Mikromeditationen:

Die Ampel-Meditation: Jede rote Ampel wird zur Einladung, präsent zu werden. Statt sich zu ärgern, nutzen

Sie die erzwungene Pause. Drei bewusste Atemzüge. Ein Moment des Innehaltens. Ein Check-in: "Wie geht es mir gerade?"

Die Tür-Meditation: Bevor Sie eine Tür öffnen – sei es zu Hause, im Büro, im Auto – halten Sie für einen Moment inne. Hand auf der Klinke, ein bewusster Atemzug, dann erst öffnen. Diese Sekunde der Präsenz kann den Übergang von einem Raum zum anderen, von einer Aktivität zur anderen, bewusst machen.

Die Warte-Meditation: Wartesituationen sind Geschenke der Zeit. Statt ungeduldig zu werden oder zum Handy zu greifen, nutzen Sie sie zur Präsenz. Spüren Sie Ihre Füße auf dem Boden. Nehmen Sie Ihre Umgebung wahr. Werden Sie zum stillen Zeugen des Lebens um Sie herum.

Die Essens-Meditation: Der erste Bissen jeder Mahlzeit wird mit voller Aufmerksamkeit genommen. Sehen Sie die Nahrung wirklich an. Riechen Sie. Schmecken Sie, als wäre es das erste Mal. Diese eine bewusste Minute kann die ganze Mahlzeit transformieren.

Die kumulative Wirkung:

Eine einzelne Mikromeditation scheint unbedeutend. Aber 20 Mikromeditationen über den Tag verteilt sind 20 Momente des Erwachens. Mit der Zeit entstehen daraus neue neuronale Pfade. Präsenz wird von der Ausnahme zur Gewohnheit.

Es ist wie bei einem Tropfen, der auf einen Stein fällt. Ein einzelner Tropfen bewirkt nichts Sichtbares. Aber Tropfen für Tropfen, Tag für Tag, höhlt das Wasser den Stein. Genauso höhlen diese Momente der Präsenz die Festung des ego-zentrischen Bewusstseins aus.

Irgendwann geschieht ein Umkippen. Präsenz ist nicht mehr etwas, das Sie üben – es ist das, was Sie sind. Die Mikromeditationen sind nicht mehr nötig, weil Ihr ganzes Leben zur Meditation geworden ist. Aber bis dahin sind sie wertvolle Trittsteine auf dem Weg.

Integration: Das Jetzt als Lebensweise

Die Kraft der Gegenwart zu entdecken ist eine Sache. Sie zu einer Lebensweise zu machen, eine andere. Es erfordert Geduld, Übung und vor allem Mitgefühl mit sich selbst.

Sie werden immer wieder in alte Muster zurückfallen. Der Verstand wird Sie immer wieder in seine Zeitreisen entführen. Das ist normal und kein Zeichen des Versagens. Jedes Mal, wenn Sie bemerken, dass Sie abgedriftet sind, ist das ein Moment des Erwachens. Feiern Sie diese Momente, statt sich zu kritisieren.

Präsenz ist kein Zustand, den Sie erreichen und dann behalten. Es ist eine lebendige Qualität, die sich ständig erneuert. Wie eine Flamme, die kontinuierlich genährt werden muss, braucht Präsenz Ihre liebevolle Aufmerksamkeit.

Aber die Belohnung ist unermesslich. Im Jetzt finden Sie nicht nur Frieden – Sie finden die Fülle des Lebens. Farben werden leuchtender, Klänge klarer, Berührungen intensiver. Das gewöhnliche Leben offenbart seine außergewöhnliche Schönheit.

Mehr noch: Im Jetzt berühren Sie Ihre wahre Natur. Jenseits von Name und Form, jenseits von Vergangenheit und Zukunft, sind Sie reines Bewusstsein, zeitlose Präsenz. Das ist keine Theorie oder Philosophie. Es ist

Ihre unmittelbare Erfahrung, wenn Sie vollkommen gegenwärtig sind.

Das Tor steht offen. Der nächste Moment wartet. Werden Sie eintreten?

TEIL II: DIE WEGE NACH INNEN

Kapitel 4: Stille als Tor zur Transzendenz

In einem Zen-Kloster in den Bergen Japans sitzt eine junge Frau in der Meditationshalle. Es ist ihr siebter Tag im Schweige-Retreat. Die ersten Tage waren die Hölle – ihr Verstand tobte wie ein gefangenes Tier, warf alle möglichen Gedanken, Erinnerungen, Fantasien an die Oberfläche. Sie wollte mehrmals aufgeben, ihre Sachen packen und fliehen.

Aber an diesem Morgen ist etwas anders. Als die Tempelglocke zum Morgen-Zazen ruft, geschieht etwas Seltsames. Der Klang der Glocke scheint nicht von außen zu kommen, sondern aus der Stille selbst zu entstehen. Und als der Klang verklingt, bleibt nicht Leere zurück, sondern eine vibrierende, lebendige Stille.

In dieser Stille löst sich plötzlich die Grenze zwischen innen und außen auf. Sie ist nicht mehr eine Person, die in der Stille sitzt – sie IST die Stille. Tränen laufen über ihr Gesicht, aber es sind keine Tränen der Trauer oder Freude. Es sind Tränen des Nach-Hause-Kommens.

Später wird sie versuchen, diese Erfahrung in Worte zu fassen, und scheitern. Wie kann man das Unbeschreibliche beschreiben? Wie kann man die Stille in Worte fassen, die selbst nur Lärm sind? Aber etwas in ihr hat sich für immer verändert. Sie hat die Stille berührt, die der Grund allen Seins ist.

4.1 Meister Eckharts "Gottesgeburt in der Seele"

Die mystische Erfahrung verstehen

Meister Eckhart, der große deutsche Mystiker des 13. und 14. Jahrhunderts, sprach von der "Gottesgeburt in der Seele" als dem Höhepunkt des spirituellen Lebens. Diese kühne Metapher war so radikal, dass sie ihm posthum eine Verurteilung durch die Kirche einbrachte. Aber was meinte er wirklich damit?

Für Eckhart war Gott nicht eine ferne Entität im Himmel, die gelegentlich in menschliche Angelegenheiten eingreift. Gott war die innerste Essenz der Seele, verborgen unter Schichten von Gedanken, Wünschen und Identifikationen. Die "Gottesgeburt" ist das Erwachen zu dieser inneren göttlichen Präsenz.

Diese Geburt geschieht nicht in der Zeit, sondern in der Ewigkeit – das heißt, im zeitlosen Jetzt. Sie geschieht nicht durch Anstrengung, sondern durch Loslassen. Eckhart verwendete das Bild einer Frau in den Wehen: Sie kann die Geburt nicht "machen", sie kann nur zulassen, dass sie geschieht.

"Gott ist dir näher, als du dir selbst bist", sagte Eckhart. Näher als Ihre Gedanken, näher als Ihre Gefühle, näher als Ihr Atem. So nah, dass die meisten Menschen diese Nähe übersehen, wie man die Brille übersieht, die man auf der Nase trägt.

Stille als schöpferischer Urgrund

Für Eckhart war Stille nicht einfach die Abwesenheit von Geräuschen. Es war der schöpferische Urgrund, aus dem alles entsteht und in den alles zurückkehrt. "Gott spricht nur ein Wort", sagte er, "und in diesem Wort sind alle Dinge enthalten."

Diese göttliche Stille ist paradox: Sie ist vollkommen leer und doch unendlich voll. Sie ist absolut still und doch die Quelle aller Klänge. Sie ist bewegungslos und doch der Ursprung aller Bewegung. Es ist die Stille, die der Physiker vor dem Urknall vermutet, die der Musiker zwischen den Noten hört, die der Mystiker im Grund seiner Seele findet.

In der modernen Physik sprechen wir vom Quantenvakuum – einem scheinbar leeren Raum, der in Wirklichkeit von potentieller Energie brodelt, aus der ständig Teilchen entstehen und vergehen. Eckharts mystische Einsicht vorwegnehmend, ist dieses "Nichts" die gebärende Matrix des "Alles".

Diese schöpferische Stille ist in jedem von uns zugänglich. Sie ist der Raum zwischen zwei Gedanken, die Pause zwischen zwei Atemzügen, der Moment vor dem Erwachen, wenn das Bewusstsein noch nicht von Inhalten gefüllt ist. Es ist das, was die Inder "Turiya" nennen – der vierte Zustand jenseits von Wachen, Träumen und Tiefschlaf.

Der Weg in die eigene Tiefe

Wie finden wir den Weg in diese innere Stille? Eckhart war hier sehr praktisch. Er sprach von "Abgeschiedenheit" – nicht als Weltflucht, sondern als innere Haltung. Es bedeutet, sich von der zwanghaften Identifikation mit den Inhalten des Bewusstseins zu lösen.

"Alle Kreaturen sind ein reines Nichts", sagte Eckhart provokant. Er meinte nicht, dass die Welt nicht existiert, sondern dass alle Formen vergänglich sind, kommen und gehen, während das Sein selbst – Gott – ewig ist. Wenn wir aufhören, uns an die vergänglichen Formen zu klammern, öffnen wir uns für das Ewige.

Die Praxis der Entleerung

Setzen Sie sich in Stille. Statt etwas zu tun, lassen Sie geschehen. Statt zu meditieren, lassen Sie sich meditieren. Wie ein Gefäß, das entleert werden muss, bevor es gefüllt werden kann, lassen Sie alle Vorstellungen, alle Erwartungen, alle Bemühungen los.

Am Anfang wird sich Ihr Verstand wehren. Er wird alle möglichen wichtigen Gedanken produzieren, dringende Aufgaben, brillante Einsichten. Lassen Sie sie kommen und gehen wie Wolken am Himmel. Kämpfen Sie nicht gegen sie, aber folgen Sie ihnen auch nicht.

Nach einer Weile – es können Minuten oder Jahre sein – beginnt sich etwas zu setzen. Wie aufgewirbelter Schlamm in einem Teich, der sich langsam setzt, bis das Wasser klar wird. In dieser Klarheit spiegelt sich der Himmel.

4.2 Die verschiedenen Qualitäten der Stille

Äußere Stille, innere Stille, essenzielle Stille

Nicht alle Stille ist gleich. Es gibt Ebenen und Qualitäten der Stille, die sich wie konzentrische Kreise um ein unsichtbares Zentrum legen.

Äußere Stille ist das, was die meisten Menschen unter Stille verstehen – die Abwesenheit von Geräuschen. Diese Art von Stille kann hilfreich sein, besonders für Anfänger. Ein ruhiger Raum, die Stille der Natur, die Stille der frühen Morgenstunden – all das kann die Tür zur tieferen Stille öffnen.

Aber äußere Stille garantiert keine innere Stille. Sie können in der stillsten Umgebung sitzen und innerlich von Lärm erfüllt sein. Umgekehrt können Sie inmitten des Großstadtlärms tiefe innere Stille erfahren.

Innere Stille ist die Beruhigung des mentalen Lärms. Es ist nicht, dass keine Gedanken mehr auftauchen – das ist ein Missverständnis. Innere Stille bedeutet, dass die Gedanken ihren zwanghaften, drängenden Charakter verlieren. Sie werden wie Hintergrundmusik, die Sie wahrnehmen können oder nicht.

Diese innere Stille entsteht nicht durch Unterdrückung der Gedanken, sondern durch Nicht-Identifikation. Wenn Sie aufhören zu glauben, dass Sie Ihre Gedanken sind, verlieren die Gedanken ihre Macht über Sie. Sie können denken oder nicht denken, aber Sie sind frei.

Essenzielle Stille ist die tiefste Ebene. Es ist die Stille des Seins selbst, die Stille Gottes, die Stille des Absoluten. Diese Stille ist immer da, sie muss nicht geschaffen werden. Sie ist der Hintergrund, vor dem alle Geräusche und alle Gedanken erscheinen.

Diese essenzielle Stille ist paradox – sie kann mitten im größten Lärm erfahren werden. Tatsächlich wird sie oft gerade durch Kontrast erkannt. Ein plötzlicher Knall, und in der Nachwirkung wird die Stille, die immer da war, plötzlich offensichtlich.

Die Stille hinter dem Lärm

Eine der befreiendsten Entdeckungen auf dem spirituellen Weg ist diese: Stille muss nicht hergestellt werden. Sie ist immer da, verborgen hinter dem Lärm, wie der Himmel hinter den Wolken.

Machen Sie dieses Experiment: Hören Sie auf die Geräusche um Sie herum. Vielleicht Verkehrslärm, Stimmen, das Summen elektronischer Geräte. Hören Sie wirklich zu, ohne zu bewerten. Bemerken Sie, wie jeder Klang aus der Stille kommt und in die Stille zurückkehrt.

Jetzt richten Sie Ihre Aufmerksamkeit auf die Stille selbst – nicht die Pausen zwischen den Geräuschen, sondern die Stille, die gleichzeitig mit den Geräuschen da ist. Es ist wie bei einer Leinwand und einem Film – die Bilder mögen sich bewegen und ändern, aber die Leinwand bleibt unbewegt.

Diese Stille hinter dem Lärm ist Ihre wahre Natur. Sie ist das, was alle Erfahrungen bezeugt, ohne von ihnen berührt zu werden. In dem Moment, in dem Sie diese Stille erkennen, sind Sie frei – frei vom Zwang, Stille herstellen zu müssen, frei von der Tyrannei des Lärms.

Stille als lebendige Präsenz

Die tiefste Stille ist keine tote Leere, sondern vibrierende Lebendigkeit. Es ist die Stille eines Samens, bevor er keimt, schwanger mit Potenzial. Es ist die Stille des Universums, bevor der Urknall, enthaltend alle Möglichkeiten.

Diese lebendige Stille können Sie in der Natur erfahren. Gehen Sie in einen alten Wald, setzen Sie sich unter einen Baum. Hören Sie nicht nur die Geräusche des Waldes – die Vögel, das Rascheln der Blätter – sondern die tiefere Stille, die all das trägt. Es ist eine Stille, die summt vor Leben, die vibriert vor Präsenz.

Oder beobachten Sie ein neugeborenes Baby, wenn es schläft. Da ist eine Qualität von Stille, die nichts mit der Abwesenheit von Geräuschen zu tun hat. Es ist die Stille der Unschuld, des Noch-nicht-Getrenntseins, der reinen Präsenz.

Diese lebendige Stille ist in Ihnen. Sie ist das, was die Mystiker "das Selbst" nennen, was die Christen "die Seele" nennen, was die Buddhisten "Buddha-Natur" nennen. Es ist kein Ding, kein Objekt, das gefunden werden könnte. Es ist das findende Bewusstsein selbst.

4.3 Hindernisse auf dem Weg zur Stille

Der innere Dialog

Das größte Hindernis zur Stille ist der unaufhörliche innere Dialog. Von dem Moment des Aufwachens bis zum Einschlafen (und oft auch in Träumen) führen wir einen endlosen Monolog – kommentieren, bewerten, planen, erinnern, fantasieren.

Dieser innere Dialog ist so konstant, dass wir ihn meist gar nicht mehr bemerken. Er ist wie das Rauschen einer Klimaanlage – erst wenn sie abgeschaltet wird, bemerken wir, wie laut sie war. Aber im Gegensatz zur Klimaanlage hat unser innerer Dialog keinen Aus-Schalter.

Der Versuch, den inneren Dialog zu stoppen, führt nur zu mehr Dialog – jetzt über das Stoppen des Dialogs! Es ist wie der Befehl "Denken Sie nicht an einen rosa Elefanten!" – sofort erscheint das Bild.

Die Kunst des Nicht-Einmischens

Die Lösung liegt nicht im Kampf gegen den inneren Dialog, sondern in einer Veränderung unserer Beziehung zu ihm. Statt der Hauptdarsteller in unserem inneren Drama zu sein, werden wir zum Zuschauer.

Stellen Sie sich vor, Sie sitzen in einem Café und am Nebentisch unterhalten sich zwei Fremde. Sie können das Gespräch hören, aber es betrifft Sie nicht. Sie müssen nicht antworten, nicht eingreifen, nicht Partei ergreifen. Sie können einfach da sitzen und Ihren Kaffee trinken.

Genauso können Sie mit Ihrem inneren Dialog umgehen. Lassen Sie ihn plappern, aber steigen Sie aus dem Gespräch aus. Seien Sie wie der Himmel, durch den Vögel fliegen – die Vögel (Gedanken) kommen und gehen, aber der Himmel (Bewusstsein) bleibt unberührt.

Die Angst vor der Leere

Ein subtileres Hindernis ist die Angst vor der Stille selbst. Für das Ego fühlt sich Stille wie Tod an. In der Stille lösen sich die Grenzen auf, die das Ego definieren. Wer sind Sie ohne Ihre Geschichte, ohne Ihre Gedanken, ohne Ihre Rollen?

Diese Angst ist der Grund, warum so viele Menschen ständige Stimulation brauchen – Musik, Fernsehen, Social Media, Gespräche. Alles ist besser als die gefürchtete Stille, in der sie sich selbst begegnen müssten.

Aber was wir fürchten, ist nicht die wahre Stille, sondern unsere Vorstellung davon. Wir projizieren Leere, Einsamkeit, Bedeutungslosigkeit in die Stille. Tatsächlich ist die wahre Stille erfüllt, verbunden, bedeutungsvoll jenseits aller Bedeutungen.

Durch die Angst hindurchgehen

Die einzige Weise, diese Angst zu überwinden, ist, durch sie hindurchzugehen. Wie ein Kind, das Angst vor dem Dunkeln hat, bis es entdeckt, dass die Monster nur Schatten waren.

Beginnen Sie klein. Fünf Minuten Stille. Keine Ablenkung, keine Aufgabe, kein Ziel. Nur sitzen und sein. Die Angst mag kommen – lassen Sie sie da sein. Die Langeweile mag kommen – begrüßen Sie sie. Die Unruhe mag kommen – beobachten Sie sie.

Was Sie entdecken werden: Hinter der Angst liegt Frieden. Hinter der Leere liegt Fülle. Hinter dem Tod des Egos liegt das ewige Leben des Seins. Die Stille, die Sie fürchteten, erweist sich als Ihre tiefste Heimat.

Umgang mit aufsteigenden Emotionen

Wenn der Lärm des Alltags nachlässt und wir in die Stille eintreten, geschieht oft etwas Unerwartetes: Verdrängte Emotionen steigen auf. Alte Trauer, vergessene Wut, unbenannte Ängste – all das, was wir durch Geschäftigkeit in Schach gehalten haben, kommt an die Oberfläche.

Viele Menschen interpretieren das als Zeichen, dass sie "schlecht meditieren" oder dass Stille "nicht gut für sie" ist. Tatsächlich ist es ein Zeichen, dass die Meditation wirkt. Die Stille gibt dem Verdrängten Raum aufzusteigen und sich zu lösen.

Es ist wie bei einem Haus, das lange nicht geputzt wurde. Wenn Sie anfangen zu putzen, wirbeln Sie erst einmal viel Staub auf. Es sieht schlimmer aus als vorher. Aber das ist Teil des Reinigungsprozesses.

Emotionen als Energie

Der Schlüssel im Umgang mit aufsteigenden Emotionen ist, sie als Energie zu sehen, nicht als Geschichten. Wut ist eine bestimmte Energiequalität im Körper – Hitze, Spannung, Bewegungsdrang. Trauer ist eine andere Qualität – Schwere, Kontraktion, Fließen.

Wenn Sie bei der reinen Energie bleiben, ohne in die Geschichte einzusteigen ("Ich bin wütend, weil..."), kann sich die Emotion natürlich entladen. Es ist wie bei einem Gewitter – es baut sich auf, entlädt sich, und dann ist die Luft wieder klar.

Die Stille hält all das. Sie ist groß genug für jede Emotion, stark genug für jeden Sturm. In der Stille können Sie erfahren, dass Sie nicht Ihre Emotionen sind – Sie sind der Raum, in dem sie auftauchen und vergehen.

4.4 Moderne Meditationstechniken und alte Weisheit

Von der Konzentration zur Kontemplation

Die spirituellen Traditionen unterscheiden verschiedene Stufen der Meditation. Am Anfang steht meist die Konzentration (Sanskrit: Dharana) – die Fähigkeit, den Geist auf ein Objekt zu richten. Das kann der Atem sein, ein Mantra, eine Kerzenflamme, ein inneres Bild.

Konzentration ist wie das Schärfen einer Linse. Der normalerweise zerstreute Geist wird gesammelt und fokussiert. Das erfordert Anstrengung, besonders am Anfang. Es ist wie beim Trainieren eines Muskels – mit Übung wird es leichter.

Aber Konzentration ist nicht das Ziel, sondern ein Mittel. Wenn der Geist ruhig und gesammelt ist, kann die nächste Stufe beginnen: Kontemplation (Sanskrit: Dhyana). Hier verschmilzt der Meditierende mit dem Objekt der Meditation. Die Trennung zwischen Beobachter und Beobachtetem beginnt sich aufzulösen.

Schließlich, oft spontan und unerwartet, geschieht Samadhi – die vollkommene Vereinigung. Es gibt keinen Meditierenden mehr und nichts, worüber meditiert wird. Es gibt nur noch reines Bewusstsein, reine Präsenz, reine Stille.

Moderne Adaptionen

Die moderne Meditationsszene hat viele innovative Ansätze entwickelt, die alte Weisheit mit neuen Erkenntnissen verbinden:

MBSR (Mindfulness-Based Stress Reduction) von Jon Kabat-Zinn bringt buddhistische Achtsamkeit in einen säkularen, wissenschaftlich fundierten Kontext. Der Fokus liegt auf der nicht-wertenden Beobachtung des gegenwärtigen Moments.

Die Transzendentale Meditation verwendet personalisierte Mantras, um den Geist mühelos in tiefere Schichten des Bewusstseins zu führen. Die Technik betont Leichtigkeit statt Anstrengung.

Vipassana, wie es S.N. Goenka lehrt, nutzt systematische Körperbeobachtung, um die Vergänglichkeit aller Phänomene zu erfahren und damit die Identifikation zu lösen.

Zen-Meditation in ihrer Einfachheit – nur sitzen (Shikantaza) – führt direkt zur Essenz: nichts hinzufügen, nichts wegnehmen, einfach sein.

All diese Techniken sind Wege zur Stille. Welcher Weg für Sie der richtige ist, hängt von Ihrem Temperament, Ihrer Lebenssituation, Ihrer inneren Neigung ab. Manche Menschen brauchen Struktur, andere Freiheit. Manche brauchen Anleitung, andere Raum.

Die Kunst des stillen Sitzens

Jenseits aller Techniken gibt es die einfachste und vielleicht schwierigste Praxis: einfach still sitzen. Keine Methode, kein Ziel, keine Erwartung. Nur sitzen.

Diese Praxis, im Zen "Shikantaza" genannt, ist radikal in ihrer Einfachheit. Sie sitzen nicht, um erleuchtet zu werden. Sie sitzen nicht, um ruhig zu werden. Sie sitzen, um zu sitzen. In diesem absichtslosen Sitzen offenbart sich die Vollkommenheit des gegenwärtigen Moments.

Praktische Hinweise für das stille Sitzen:

Die Haltung: Aufrecht, aber nicht steif. Würdevoll, aber nicht angespannt. Die Wirbelsäule wie eine Perlenkette, jeder Wirbel ruht auf dem anderen. Die Hände im Schoß oder auf den Knien. Die Augen halb geöffnet, der Blick weich auf einen Punkt etwa einen Meter vor Ihnen.

Die Atmung: Natürlich und ungezwungen. Kein spezielles Atemmuster, keine Kontrolle. Der Atem atmet sich selbst.

Der Geist: Wie der Himmel – weit, offen, alles zulassend. Gedanken kommen und gehen wie Wolken. Kein Festhalten, kein Wegschieben. Nur das natürliche Kommen und Gehen.

Die Dauer: Beginnen Sie mit dem, was möglich ist – vielleicht 10 Minuten. Mit der Zeit dehnt sich die Praxis natürlich aus. Nicht aus Disziplin, sondern aus Freude. Sie sitzen länger, weil Sie die Süße der Stille schmecken.

Integration verschiedener Traditionen

In unserer globalisierten Welt haben wir das Privileg, auf die Weisheit aller spirituellen Traditionen zugreifen zu können. Was früher Geheimwissen war, ist heute in Büchern und Online-Kursen verfügbar. Das birgt Chancen und Gefahren.

Die Chance liegt in der Möglichkeit, den Weg zu finden, der wirklich zu uns passt. Wir sind nicht mehr an die Religion unserer Geburt gebunden. Wir können von christlichen Mystikern, buddhistischen Meistern, Sufi-Heiligen, hinduistischen Weisen lernen.

Die Gefahr liegt in der spirituellen Konsumhaltung – ein bisschen hiervon, ein bisschen davon, ohne je in die Tiefe zu gehen. Wie jemand, der viele Brunnen einen Meter tief gräbt, aber nie auf Wasser stößt.

Die Kunst der Integration:

Wahre Integration bedeutet nicht, alles zu vermischen, sondern die Essenz zu finden, die allen Traditionen gemeinsam ist. Es bedeutet, tief genug zu gehen, um zu erkennen, dass alle Flüsse zum selben Ozean fließen.

Wenn Sie von verschiedenen Traditionen lernen, achten Sie auf das, was resoniert. Nicht was interessant klingt oder exotisch wirkt, sondern was Ihr Herz zum Singen bringt. Folgen Sie dieser Resonanz, und Sie werden Ihren Weg finden.

Gleichzeitig ist es wichtig, bei einer Praxis zu bleiben, sie wirklich zu durchdringen. Spirituelles "Hopping" – von einer Technik zur nächsten springen – führt selten in die Tiefe. Wählen Sie eine Hauptpraxis und bleiben Sie dabei, auch wenn es schwierig wird. Ergänzen Sie sie, wenn nötig, aber verlassen Sie sie nicht bei der ersten Herausforderung.

Die Stille leben

Am Ende geht es nicht darum, ein guter Meditierender zu werden. Es geht darum, die Stille zu leben – in der Meditation und außerhalb, auf dem Kissen und im Alltag, in der Einsamkeit und in der Gemeinschaft.

Die Stille, von der wir sprechen, ist keine Flucht aus dem Leben. Sie ist das Fundament, auf dem authentisches Leben aufbaut. Aus der Stille kommt klares Handeln. Aus der Stille kommt echte Kommunikation. Aus der Stille kommt schöpferische Inspiration.

Meister Eckhart sagte: "Gott erwartet nur eines von dir: dass du aus dir herausgehst, soweit du Geschöpf bist, und Gott in dir sein lässt." Dieses "Herausgehen" ist das Eintreten in die Stille. Es ist das Loslassen der kleinen, lauten Identität, damit die große, stille Wirklichkeit durchscheinen kann.

In dieser Stille entdecken Sie: Sie sind nicht getrennt von Gott, vom Universum, von anderen Wesen. Die Stille offenbart die fundamentale Einheit allen Seins. In der Stille hören Sie die eine Stimme, die in unzähligen Formen spricht. Sie sind diese Stimme.

Das ist die Gottesgeburt in der Seele – nicht ein einmaliges Ereignis, sondern ein fortwährendes Geschehen. In jedem Moment, in dem Sie in die Stille eintreten, wird das Göttliche in Ihnen neu geboren. In jedem Moment der wahren Stille sind Sie Zeuge und Teilnehmer am ewigen Mysterium des Seins.

Die Glocke läutet. Die Meditation endet. Aber die Stille bleibt.

Kapitel 5: Die Befreiung durch Beobachtung

An einem heißen Nachmittag in Ojai, Kalifornien, sitzt eine Gruppe von Menschen unter den Eichen. Vorne, auf einem einfachen Stuhl, sitzt ein älterer Mann mit durchdringenden Augen und einem Gesicht, das gleichzeitig uralt und zeitlos jung wirkt. Es ist Jiddu Krishnamurti, und er stellt eine Frage, die die Zuhörer in ihren Grundfesten erschüttert:

"Haben Sie jemals beobachtet, ohne dass der Beobachter da ist?"

Stille. Verwirrung in den Gesichtern. Wie kann man beobachten ohne Beobachter? Das scheint der Logik zu widersprechen.

Krishnamurti fährt fort: "Wenn Sie einen Baum anschauen und sagen 'Das ist eine Eiche', haben Sie aufgehört zu schauen. Sie sehen nur noch Ihr Wissen über Eichen. Können Sie schauen, ohne zu benennen, ohne zu vergleichen, ohne zu bewerten? Können Sie schauen mit Augen, die nichts wissen?"

Eine Frau in der ersten Reihe beginnt zu weinen. Nicht aus Trauer, sondern weil sich plötzlich ein Schleier hebt.

Für einen Moment sieht sie die Welt, wie sie ist, nicht wie sie denkt, dass sie ist. Die Trennung zwischen ihr und der Welt löst sich auf. Da ist nur noch Sehen, ohne jemanden, der sieht.

5.1 Krishnamurtis "choiceless awareness"

Beobachten ohne zu bewerten

"Choiceless awareness" – bewertungsfreies Gewahrsein – war Krishnamurtis revolutionärer Beitrag zur spirituellen Praxis. Es klingt einfach, ist aber eine der radikalsten Übungen, die es gibt. Warum? Weil unser gesamtes Denken auf Bewertung basiert.

Schauen Sie sich um, wo immer Sie gerade sind. Ihr Verstand beginnt sofort zu kategorisieren: schön-hässlich, interessant-langweilig, meins-nicht meins. Diese Bewertungen geschehen so schnell und automatisch, dass wir sie meist nicht einmal bemerken. Sie sind wie eine getönte Brille, durch die wir die Welt sehen.

Krishnamurti lädt uns ein, diese Brille abzunehmen. Nicht um eine andere aufzusetzen, sondern um mit nackten Augen zu schauen. Das ist erschreckend für den Verstand, denn ohne seine Bewertungen weiß er nicht, wer er ist.

Übung: Der neutrale Beobachter

Setzen Sie sich an ein Fenster und beobachten Sie, was draußen geschieht. Menschen gehen vorbei, Autos fahren, Vögel fliegen. Beobachten Sie Ihre automatischen

Reaktionen: "Der sieht müde aus." "Was für ein hässliches Auto." "Ein schöner Vogel."

Jetzt versuchen Sie, nur zu sehen, ohne diese Kommentare. Ein Mensch geht – das ist alles. Ein Auto fährt – mehr nicht. Ein Vogel fliegt – keine weitere Geschichte.

Am Anfang wird das fast unmöglich scheinen. Die Bewertungen kommen automatisch. Das ist in Ordnung. Bemerken Sie sie einfach: "Ah, da ist eine Bewertung." Und kehren Sie zum reinen Beobachten zurück.

Mit der Zeit entstehen Momente reinen Sehens. In diesen Momenten gibt es eine außerordentliche Frische, als würden Sie die Welt zum ersten Mal sehen. Farben werden leuchtender, Bewegungen fließender, alles wird lebendig und neu.

Die Freiheit der reinen Wahrnehmung

Was geschieht, wenn wir ohne Bewertung wahrnehmen? Eine ungeheure Freiheit öffnet sich. Plötzlich sind wir nicht mehr Gefangene unserer Vorlieben und Abneigungen, unserer Konditionierungen und Vorurteile.

Diese Freiheit ist nicht theoretisch – sie ist unmittelbar erfahrbar. Wenn Sie ohne Bewertung auf einen Menschen schauen, den Sie normalerweise "nicht mögen", was bleibt? Ein menschliches Wesen, nicht mehr und nicht weniger. Die ganze Last der Vergangenheit, die Sie auf diese Person projiziert haben, fällt weg.

Das bedeutet nicht, dass Sie naiv werden oder nicht mehr unterscheiden können. Im Gegenteil: Wenn die Schleier der Bewertung fallen, sehen Sie klarer. Sie sehen, was wirklich ist, nicht was Ihr konditionierter Verstand Ihnen erzählt.

Ein Künstler, der diese Art des Sehens beherrscht, malt nicht seine Idee einer Blume, sondern die Blume selbst. Ein Therapeut, der so zuhört, hört nicht seine Interpretation der Worte, sondern die Wahrheit hinter den Worten. Ein Liebender, der so schaut, sieht nicht seine Projektion, sondern das wirkliche Wesen des Geliebten.

Jenseits von Mögen und Nicht-Mögen

Unser normales Bewusstsein ist ständig damit beschäftigt, die Welt in "mag ich" und "mag ich nicht" einzuteilen. Diese fundamentale Teilung ist die Wurzel endlosen Konflikts – in uns selbst und in der Welt.

Krishnamurti wies darauf hin, dass diese Teilung auf Erinnerung basiert. Wir mögen, was uns in der Vergangenheit Vergnügen bereitet hat, und lehnen ab, was Schmerz verursacht hat. So leben wir nicht in der Gegenwart, sondern in der Vergangenheit.

"Choiceless awareness" bedeutet nicht, dass wir keine Präferenzen haben dürfen. Es bedeutet, dass wir uns nicht mit unseren Präferenzen identifizieren. Wir können Schokolade Vanille vorziehen, ohne daraus eine Identität zu machen, ohne die Welt in Schokoladen-Menschen und Vanille-Menschen zu teilen.

Das Experiment des Nicht-Wählens

Verbringen Sie einen Tag (oder eine Stunde, wenn ein Tag zu viel ist) ohne zu wählen. Nicht im Sinne von

Entscheidungsunfähigkeit, sondern im Sinne von Nicht-Bewertung. Was immer geschieht, sagen Sie innerlich "Ja" dazu.

Es regnet? Ja. Die Sonne scheint? Ja. Sie müssen warten? Ja. Alles läuft glatt? Ja.

Beobachten Sie, was geschieht. Am Anfang wird sich der Verstand wehren: "Aber ich mag keinen Regen!" "Ich hasse es zu warten!" Bemerken Sie diese Reaktionen, aber folgen Sie ihnen nicht. Bleiben Sie beim "Ja".

Was Sie entdecken werden: Die Energie, die Sie normalerweise im Widerstand verschwenden, wird frei. Statt gegen das zu kämpfen, was ist, fließen Sie mit dem, was ist. Und paradoxerweise haben Sie mehr Energie für echte Veränderung, wenn Veränderung nötig ist.

5.2 Die Macht der Zeugenschaft

Der innere Beobachter erwacht

In jeder spirituellen Tradition gibt es das Konzept des "Zeugen" – das reine Bewusstsein, das alle Erfahrungen beobachtet, ohne in sie verstrickt zu sein. Im Hinduismus heißt es "Sakshi", im Buddhismus "die Natur des Geistes", in der christlichen Mystik "das Auge der Seele".

Dieser innere Beobachter ist immer da, aber meist ist er von den Inhalten des Bewusstseins überlagert. Es ist, als würden Sie so nah an einem Gemälde stehen, dass Sie nur Farbkleckse sehen. Erst wenn Sie zurücktreten, erkennen Sie das Bild.

Die Praxis der Zeugenschaft ist dieses Zurücktreten. Statt sich mit jedem Gedanken, jedem Gefühl, jeder Sensation zu identifizieren, beobachten Sie sie aus einer gewissen

Distanz. "Ah, da ist Ärger." "Interessant, ein Gedanke an morgen." "Schau, Freude steigt auf."

Diese Distanz ist nicht kalt oder abgetrennt. Es ist die Distanz der Liebe, die Raum gibt. Wie eine Mutter, die ihr Kind spielen lässt, während sie liebevoll wacht. Präsent, aber nicht einmischend. Aufmerksam, aber nicht kontrollierend.

Abstand zu den eigenen Gedanken

Die Identifikation mit unseren Gedanken ist so fundamental, dass wir sie selten hinterfragen. "Ich denke, also bin ich", sagte Descartes. Aber die Mystiker drehen es um: "Ich bin, also kann ich denken beobachten."

Machen Sie dieses Experiment: Setzen Sie sich für fünf Minuten hin und versuchen Sie, nicht zu denken. Was geschieht? Die Gedanken kommen trotzdem, nicht wahr? Wenn Sie derjenige wären, der denkt, könnten Sie die Gedanken abstellen. Aber Sie können es nicht. Das zeigt: Sie sind nicht der Denker, Sie sind der, der das Denken beobachtet.

Diese Erkenntnis ist befreiend. Wenn Sie nicht Ihre Gedanken sind, müssen Sie nicht jeden Gedanken glauben. Wenn ein selbstkritischer Gedanke auftaucht ("Ich bin nicht gut genug"), können Sie ihn beobachten wie eine Wolke am Himmel. Er zieht vorbei, ohne Schaden anzurichten.

Die Gedanken-Etikettierungs-Übung

Eine klassische Achtsamkeitsübung ist das Etikettieren von Gedanken. Wenn Sie bemerken, dass Sie in Gedanken verloren sind, geben Sie dem Gedanken sanft ein Etikett:

- "Planen" für Gedanken über die Zukunft
- "Erinnern" für Gedanken über die Vergangenheit
- "Fantasieren" für Tagträume
- "Urteilen" für bewertende Gedanken
- "Sorgen" für ängstliche Gedanken

Das Etikettieren schafft automatisch Abstand. Sie sind nicht mehr im Gedanken verloren, sondern beobachten ihn. Mit der Zeit werden Sie die Muster Ihres Verstandes erkennen. "Ah, das ist meine Vormittags-Sorgen-Show." "Da kommt wieder die Selbstkritik-Schleife."

Wenn Sie die Muster erkennen, verlieren sie ihre Macht. Sie sind wie ein Zaubertrick – eindrucksvoll, solange Sie nicht wissen, wie er funktioniert, aber harmlos, wenn Sie den Mechanismus durchschauen.

Die Weite des Bewusstseins erfahren

Je mehr Sie die Position des Zeugen einnehmen, desto mehr erfahren Sie die wahre Natur des Bewusstseins: weit, offen, unbegrenzt. Gedanken und Gefühle kommen und gehen, aber der Raum, in dem sie erscheinen, bleibt unverändert.

Diese Weite ist keine Leere, sondern erfüllte Präsenz. Es ist wie der Himmel – scheinbar leer, aber voller Licht. Wolken (Gedanken) ziehen durch, Vögel (Gefühle) fliegen vorbei, Flugzeuge (Empfindungen) durchqueren ihn, aber der Himmel selbst bleibt unberührt.

In dieser Weite entdecken Sie Ihre wahre Größe. Sie sind nicht das kleine, begrenzte Ich, das sich ständig bedroht und unzulänglich fühlt. Sie sind das weite Bewusstsein, in dem alle Erfahrungen auftauchen und vergehen.

Meditation: Der weite Himmel des Gewahrseins

Setzen oder legen Sie sich bequem hin. Schließen Sie die Augen und stellen Sie sich vor, Ihr Bewusstsein sei wie der weite, offene Himmel. Gedanken sind Wolken, die durchziehen. Gefühle sind Vögel, die vorbeifliegen. Körperempfindungen sind wie Windböen, die kommen und gehen.

Identifizieren Sie sich nicht mit den Wolken, Vögeln oder dem Wind. Sie sind der Himmel – weit, offen, unbegrenzt. Alles darf durch Sie hindurchziehen, nichts kann Sie beflecken oder begrenzen.

Ruhen Sie in dieser Weite. Spüren Sie die Freiheit, die Friedlichkeit, die natürliche Freude des unbegrenzten Seins. Das ist Ihre wahre Natur – nicht die vorüberziehenden Phänomene, sondern der ewige Raum, in dem sie erscheinen.

5.3 ACT-Therapie trifft buddhistische Achtsamkeit

Moderne Psychologie und zeitlose Weisheit

Die Acceptance and Commitment Therapy (ACT) ist ein faszinierendes Beispiel dafür, wie moderne Psychologie und alte Weisheit sich treffen. Steven Hayes, der Begründer von ACT, war tief beeinflusst von buddhistischer Philosophie, wollte aber einen Ansatz schaffen, der wissenschaftlich fundiert und kulturell neutral ist.

Das Kernkonzept von ACT – psychische Flexibilität – ist im Grunde eine moderne Formulierung dessen, was Buddhisten seit 2500 Jahren lehren: Leiden entsteht nicht durch Schmerz, sondern durch unseren Widerstand gegen Schmerz. Freiheit kommt nicht durch Kontrolle unserer inneren Erfahrungen, sondern durch eine veränderte Beziehung zu ihnen.

ACT verwendet sechs Kernprozesse, die alle auf ihre Weise mit Achtsamkeit zu tun haben:

1. **Kontakt mit dem gegenwärtigen Moment** – klassische Achtsamkeit
2. **Akzeptanz** – Dinge sein lassen, wie sie sind
3. **Kognitive Defusion** – Abstand zu Gedanken gewinnen
4. **Selbst als Kontext** – die Zeugenperspektive
5. **Werte** – was wirklich wichtig ist
6. **Engagiertes Handeln** – achtsames Tun

Diese Prozesse sind keine Techniken, die man mechanisch anwendet, sondern Aspekte einer ganzheitlichen Art zu leben. Sie ergänzen und verstärken sich gegenseitig.

Praktische Defusionstechniken

"Fusion" bedeutet in der ACT, mit unseren Gedanken verschmolzen zu sein, sie für die Realität zu halten. "Defusion" ist der Prozess, diese Verschmelzung zu lösen. Es ist im Grunde das, was Krishnamurti meinte, als er vom Beobachten ohne den Beobachter sprach.

Hier einige kraftvolle Defusionstechniken:

Die "Ich habe den Gedanken, dass..."-Technik

Statt zu sagen "Ich bin ein Versager", sagen Sie "Ich habe den Gedanken, dass ich ein Versager bin". Noch einen Schritt weiter: "Ich bemerke, dass ich den Gedanken habe, dass ich ein Versager bin."

Diese kleine sprachliche Veränderung schafft Raum. Sie sind nicht mehr der Gedanke, Sie haben einen Gedanken. Und was Sie haben, können Sie auch wieder loslassen.

Die Singstimmen-Technik

Nehmen Sie einen belastenden Gedanken und singen Sie ihn zur Melodie von "Happy Birthday" oder einem anderen fröhlichen Lied. "Ich werde es nie schaffen" zur Melodie von "Alle meine Entchen" nimmt dem Gedanken seine Schwere.

Das mag albern klingen, aber es funktioniert. Es zeigt Ihrem Nervensystem: Das ist nur ein Gedanke, eine mentale Konstruktion, nichts, wovor man Angst haben müsste.

Die Zeitlupe-Technik

Sprechen Sie einen problematischen Gedanken gaaanz laaangsaaaam aus. "Iiiich... biiiin... niiicht... guuut... geeeenuuug."

Wenn Sie das tun, wird der Gedanke zu reinen Klängen, verliert seine Bedeutung. Sie erfahren direkt: Gedanken sind nur Worte, Worte sind nur Klänge, Klänge sind nur Vibrationen.

Die Verbindung von Ost und West

Was ACT so wertvoll macht, ist die Verbindung östlicher Weisheit mit westlicher Empirie. Die Techniken sind durch hunderte von Studien validiert. Die Wirksamkeit ist messbar. Aber die Essenz ist zeitlos.

Diese Verbindung zeigt: Die Wahrheiten, die Mystiker seit Jahrtausenden verkünden, sind keine esoterischen Spekulationen. Sie sind praktische Einsichten in die Natur des menschlichen Geistes, die sich wissenschaftlich bestätigen lassen.

Gleichzeitig bewahrt uns die spirituelle Dimension davor, ACT zu einer rein mechanischen Technik zu reduzieren. Es geht nicht nur darum, Symptome zu reduzieren oder besser zu funktionieren. Es geht um Befreiung, um das Erwachen zu unserer wahren Natur.

Integration in die spirituelle Praxis

Wenn Sie auf dem spirituellen Weg sind, können ACT-Techniken wertvolle Werkzeuge sein:

- Wenn Sie in der Meditation von Gedanken überwältigt werden, nutzen Sie Defusion

- Wenn Sie gegen unangenehme Gefühle kämpfen, üben Sie Akzeptanz
- Wenn Sie sich in spirituellen Konzepten verlieren, kommen Sie zurück zum gegenwärtigen Moment
- Wenn Sie nicht wissen, wohin Ihr Weg führt, klären Sie Ihre Werte

Der große Vorteil: Diese Techniken sind bodenständig und alltagstauglich. Sie brauchen kein Retreat, keine besonderen Umstände. Sie können sie beim Geschirrspülen üben, im Stau, im Gespräch mit einem schwierigen Menschen.

5.4 Entwicklung eines persönlichen Beobachtungsprotokolls

Das spirituelle Tagebuch

Ein spirituelles Tagebuch ist mehr als ein Ort, um Gedanken und Gefühle festzuhalten. Es ist ein Spiegel Ihres Bewusstseins, ein Werkzeug zur Selbsterforschung, ein Begleiter auf dem Weg.

Im Gegensatz zu einem gewöhnlichen Tagebuch, in dem Sie Ereignisse aufzeichnen, geht es im spirituellen Tagebuch um die Beobachtung Ihrer inneren Landschaft. Nicht "Was ist heute passiert?", sondern "Wie habe ich auf das reagiert, was passiert ist?"

Elemente eines spirituellen Tagebuchs:

Morgenseiten: Direkt nach dem Aufwachen drei Seiten schreiben, ohne nachzudenken, ohne zu zensieren. Der innere Kritiker ist noch nicht wach, die Verbindung zum

Unbewussten noch offen. Oft kommen überraschende Einsichten.

Abendreflexion: Vor dem Schlafengehen den Tag Revue passieren lassen. Wo war ich präsent? Wo war ich im Autopilot? Welche Muster haben sich gezeigt? Ohne Urteil, nur beobachtend.

Traumaufzeichnungen: Träume sind Briefe des Unbewussten. Sie zeigen oft, was im Wachbewusstsein verdrängt wird. Ein Traumtagebuch neben dem Bett, sofortiges Aufschreiben nach dem Aufwachen.

Meditationsnotizen: Nach der Meditation kurz notieren: Wie war die Qualität der Aufmerksamkeit? Welche Hindernisse tauchten auf? Gab es Momente der Klarheit, der Stille, der Einsicht?

Muster erkennen und transformieren

Nach einigen Wochen oder Monaten des Tagebuchschreibens werden Muster sichtbar. Vielleicht bemerken Sie:

- Immer montags sind Sie unruhig
- Nach Gesprächen mit bestimmten Menschen fühlen Sie sich erschöpft
- In der Natur kommen Sie leicht in Kontakt mit Ihrer Essenz
- Bestimmte Gedankenschleifen wiederholen sich zyklisch

Diese Muster zu erkennen ist der erste Schritt zur Transformation. Was unbewusst ist, hat Macht über uns.

Was bewusst wird, können wir verändern – oder akzeptieren, wenn Veränderung nicht möglich ist.

Die Musteranalyse:

Nehmen Sie sich einmal im Monat Zeit, Ihr Tagebuch durchzulesen. Nicht kritisch, sondern wie ein Anthropologe, der eine fremde Kultur studiert. Suchen Sie nach:

- Wiederkehrenden Themen
- Emotionalen Zyklen
- Triggersituationen
- Momenten der Gnade

Markieren Sie diese mit verschiedenen Farben. Langsam entsteht eine Landkarte Ihres Bewusstseins. Sie sehen, wo die Sümpfe sind, wo die Berggipfel, wo die stillen Seen.

Mit dieser Karte können Sie bewusster navigieren. Sie wissen: "Ah, ich nähere mich dem Sumpf der Selbstzweifel. Zeit für extra Selbstmitgefühl." Oder: "Die Bedingungen für einen Gipfelmoment sind günstig. Lass mich offen dafür sein."

Die Kunst der Selbsterforschung

Wahre Selbsterforschung ist radikal ehrlich und radikal liebevoll zugleich. Ehrlich, weil wir uns nichts vormachen. Liebevoll, weil wir uns nicht verurteilen für das, was wir finden.

Es ist wie bei einer archäologischen Ausgrabung. Sie graben Schicht um Schicht ab, finden Scherben, Knochen, manchmal Schätze. Alles wird sorgfältig katalogisiert, nichts wird weggeworfen. Auch die Scherben erzählen eine Geschichte.

Fragen für die Selbsterforschung:

- Was will in mir gesehen werden?
- Welchen Teil von mir verleugne ich?
- Wo bin ich nicht authentisch?
- Was ist meine tiefste Sehnsucht?
- Wovor habe ich am meisten Angst?
- Was würde ich tun, wenn ich wüsste, dass ich nicht scheitern kann?
- Wer bin ich, wenn niemand zuschaut?

Diese Fragen sind keine intellektuellen Übungen. Lassen Sie sie in sich sinken, tragen Sie sie mit sich wie einen Koan. Die Antworten kommen oft unerwartet – beim Duschen, beim Spaziergang, im Traum.

Das Interview mit sich selbst

Eine kraftvolle Technik: Führen Sie ein Interview mit verschiedenen Aspekten Ihrer selbst. Setzen Sie zwei Stühle gegenüber. Auf einem sitzt der Interviewer, auf dem anderen der Interviewte.

Interviewen Sie:

- Ihr ängstliches Selbst
- Ihr weises Selbst
- Ihr inneres Kind

- Ihr Schatten-Selbst
- Ihr höheres Selbst

Wechseln Sie physisch die Stühle, wenn Sie die Rolle wechseln. Lassen Sie jeden Aspekt frei sprechen. Sie werden erstaunt sein, welche Weisheit in jedem Teil von Ihnen steckt – auch in denen, die Sie normalerweise ablehnen.

Die Befreiung, die aus dem Beobachten kommt

Am Ende dieses Kapitels kehren wir zum Anfang zurück: Krishnamurtis radikale Frage nach dem Beobachten ohne Beobachter. Jetzt, nach all der Praxis und Reflexion, verstehen Sie vielleicht besser, was er meinte.

Wenn Sie wirklich beobachten – nicht aus einer Position heraus, sondern als reines Gewahrsein – löst sich die fundamentale Trennung auf. Es gibt keinen Beobachter und nichts Beobachtetes. Es gibt nur Beobachtung, nur Gewahrsein, nur Präsenz.

In diesem Zustand gibt es keine Probleme, weil es niemanden gibt, der Probleme haben könnte. Es gibt keinen Konflikt, weil es keine getrennten Parteien gibt. Es gibt nur das, was ist, in seiner ungeteilten Ganzheit.

Das ist die ultimative Befreiung – nicht die Befreiung von etwas, sondern die Befreiung in alles. Nicht das Entkommen aus dem Gefängnis, sondern die Erkenntnis, dass es nie ein Gefängnis gab, nur die Illusion von Mauern.

Diese Befreiung ist keine ferne Erleuchtung, die nur wenigen Auserwählten vorbehalten ist. Sie ist in jedem Moment des wahren Beobachtens verfügbar. Jedes Mal, wenn Sie innehalten und wirklich schauen – ohne zu bewerten, ohne zu wählen, ohne sich abzutrennen – berühren Sie diese Freiheit.

Mit der Zeit wird aus Momenten der Befreiung ein befreites Leben. Nicht perfekt, nicht ohne Herausforderungen, aber grundlegend frei. Frei von der Tyrannei der eigenen Gedanken. Frei von der Last der Vergangenheit. Frei von der Angst vor der Zukunft.

In dieser Freiheit entdecken Sie: Sie waren nie gefangen. Sie haben nur geträumt, gefangen zu sein. Das Erwachen aus diesem Traum ist die Befreiung durch Beobachtung.

Der Beobachter löst sich auf. Die Beobachtung bleibt. Und in dieser reinen Beobachtung sind Sie zu Hause.

Kapitel 6: Der Körper als spirituelles Instrument

Thomas war Investmentbanker. Sechzehn Stunden am Tag vor Bildschirmen, das Mittagessen am Schreibtisch, Sport nur noch eine ferne Erinnerung. Sein Körper war für ihn nicht mehr als ein Transportmittel für sein Gehirn – und eines, das zunehmend Probleme machte.

Rückenschmerzen, Migräne, ein ständiges Gefühl der Erschöpfung.

Dann kam der Herzinfarkt. Mit 42. Auf der Intensivstation, an Maschinen angeschlossen, machte er eine unerwartete Erfahrung. Zum ersten Mal seit Jahren spürte er wirklich seinen Körper. Nicht als Schmerzquelle, sondern als lebendiges Wunder. Er spürte sein Herz kämpfen, fühlte die Luft in seinen Lungen, nahm das Pulsieren des Lebens in jeder Zelle wahr.

"Mein Körper hat mir mein Leben lang gedient", erkannte er, "und ich habe ihn behandelt wie eine Maschine, die ich nach Belieben ausbeuten kann." Tränen liefen über sein Gesicht – Tränen der Reue, aber auch der Dankbarkeit. Dankbarkeit dafür, dass sein Körper ihm diese zweite Chance gab.

Die Genesung wurde zu einer spirituellen Reise. Thomas lernte nicht nur gesünder zu leben. Er entdeckte seinen Körper als Tor zu einer Dimension des Seins, die er völlig vergessen hatte. Durch Yoga fand er Stille. Durch bewusstes Atmen fand er Präsenz. Durch achtsame Bewegung fand er eine Verbindung zum Leben selbst.

Heute, fünf Jahre später, ist Thomas immer noch Banker. Aber er ist auch Yogalehrer, Atemtherapeut und vor allem: ein Mensch, der die Heiligkeit des verkörperten Seins kennt. "Mein Herzinfarkt", sagt er, "war das Beste, was mir passieren konnte. Er hat mir gezeigt, dass Erleuchtung nicht trotz des Körpers geschieht, sondern durch ihn."

6.1 Die vergessene Weisheit des Körpers

Mehr als nur ein Vehikel

In der westlichen spirituellen Tradition wurde der Körper lange als Hindernis auf dem Weg zu Gott gesehen. Der Geist sollte über das Fleisch triumphieren, die Seele sich von den Fesseln der Materie befreien. Diese Körperfeindlichkeit hat tiefe Spuren hinterlassen.

Auch in östlichen Traditionen finden wir manchmal eine Abwertung des Körpers – Maya, Illusion, etwas zu Überwindendes. Der Körper als Quelle von Begehren und Anhaftung, als das, was uns in Samsara gefangen hält.

Aber es gibt auch andere Stimmen. Der tantrische Weg sieht den Körper als Tempel des Göttlichen. Die taoistische Tradition spricht vom Körper als Mikrokosmos, der den Makrokosmos spiegelt. Jesus sagte: "Wisst ihr nicht, dass euer Leib ein Tempel des Heiligen Geistes ist?"

Die moderne Erkenntnis: Der Körper ist nicht das Gefängnis der Seele – er ist ihr Ausdrucksfeld. Nicht das Hindernis zur Erleuchtung – sondern der Weg. Nicht etwas zu Überwindendes – sondern etwas zu Integrierendes.

Der Körper als Tempel des Bewusstseins

Was bedeutet es, den Körper als Tempel zu sehen? Ein Tempel ist ein heiliger Raum, ein Ort, wo das Göttliche wohnt und verehrt wird. Er wird mit Sorgfalt gepflegt, mit Respekt behandelt, mit Liebe geschmückt.

Wie behandeln Sie Ihren Körper-Tempel? Stopfen Sie ihn mit Junk-Food voll wie eine Müllhalde? Vernachlässigen Sie seine Pflege? Ignorieren Sie seine Signale? Oder ehren Sie ihn als das Wunderwerk, das er ist?

Betrachten Sie für einen Moment die unglaubliche Intelligenz Ihres Körpers:

- 37 Billionen Zellen arbeiten in perfekter Harmonie zusammen
- Ihr Herz schlägt 100.000 Mal am Tag, ohne dass Sie daran denken müssen
- Ihre Lungen tauschen mit jedem Atemzug Sauerstoff gegen CO2
- Ihr Immunsystem bekämpft ständig Eindringlinge
- Ihr Nervensystem verarbeitet Millionen von Informationen pro Sekunde

All das geschieht ohne Ihr bewusstes Zutun. Welche Intelligenz orchestriert diese Symphonie? Es ist dieselbe Intelligenz, die Planeten um Sonnen kreisen lässt, die aus Samen Bäume wachsen lässt, die den Ozean in Wellen tanzen lässt.

Somatische Intelligenz wiederentdecken

Der Körper hat seine eigene Weisheit – eine Weisheit, die älter ist als der denkende Verstand. Diese somatische Intelligenz weiß, was gut für uns ist, lange bevor der Verstand es analysiert hat.

Ein Baby weiß instinktiv, wie viel es essen muss. Ein Tier in der Wildnis weiß, welche Pflanzen heilend und welche giftig sind. Nur wir "zivilisierten" Menschen haben den Kontakt zu dieser körperlichen Weisheit verloren.

Übung: Den Körper befragen

Wenn Sie vor einer Entscheidung stehen, befragen Sie Ihren Körper:

1. Setzen Sie sich ruhig hin und atmen Sie ein paar Mal tief durch
2. Stellen Sie sich die erste Option vor
3. Spüren Sie in Ihren Körper: Wie reagiert er? Zieht er sich zusammen oder weitet er sich? Wird er schwer oder leicht? Warm oder kalt?
4. Stellen Sie sich die zweite Option vor und spüren Sie wieder
5. Vertrauen Sie der körperlichen Antwort – sie lügt nie

Diese körperliche Resonanz ist oft weiser als alle Pro-und-Contra-Listen. Der Körper weiß, was stimmig ist, was Ihrem wahren Wesen entspricht. Er kann nicht von gesellschaftlichen Konditionierungen oder mentalen Konstrukten getäuscht werden.

6.2 Integration von Körperarbeit und Spiritualität

Bewegung als Meditation

Meditation muss nicht stillsitzen bedeuten. Für viele Menschen, besonders in unserer bewegungsarmen Kultur, ist Bewegungsmeditation der natürlichere Zugang zur Präsenz.

Jede Bewegung kann zur Meditation werden, wenn sie mit vollständiger Aufmerksamkeit ausgeführt wird:

Gehmeditation: Gehen Sie so langsam, dass Sie jede Phase des Gehens spüren – das Heben des Fußes, das Vorwärtsbewegen, das Aufsetzen, die Gewichtsverlagerung. Der Geist wird protestieren ("Das ist langweilig!"), aber bleiben Sie dabei. In der Verlangsamung offenbart sich die Wunder der Bewegung.

Tai Chi und Qigong: Diese alten chinesischen Praktiken verbinden fließende Bewegung mit Atem und Aufmerksamkeit. Jede Bewegung wird aus der Stille geboren und kehrt zur Stille zurück. Der Körper wird zum Pinsel, der Formen in den Raum malt.

Yoga als bewegte Kontemplation: Echtes Yoga ist weit mehr als Fitness. Jede Asana ist eine Gelegenheit, Körper, Atem und Geist zu vereinen. In der Herausforderung einer schwierigen Pose lernen Sie, Anstrengung und Entspannung zu balancieren – eine Lektion fürs Leben.

Ekstatischer Tanz: Wenn alle Kontrolle losgelassen wird und der Körper sich frei zur Musik bewegt, kann eine andere Intelligenz übernehmen. Der Tänzer verschwindet, nur noch Tanz bleibt. In dieser Ekstase (wörtlich: außerhalb seiner selbst stehen) berühren wir das Göttliche.

Die Sprache der Empfindungen

Der Körper spricht ständig zu uns, aber seine Sprache ist nicht verbal. Er spricht durch Empfindungen: Spannung, Entspannung, Wärme, Kälte, Kribbeln, Pulsieren, Enge, Weite.

Diese Empfindungen sind mehr als physische Phänomene. Sie sind die Art, wie unsere Seele durch den Körper kommuniziert. Angst zeigt sich als Enge in der

Brust. Freude als Weite und Leichtigkeit. Intuition als "Bauchgefühl". Liebe als Wärme im Herzen.

Die Praxis des Body-Scanning:

Legen Sie sich hin und wandern Sie mit Ihrer Aufmerksamkeit langsam durch den Körper:

- Beginnen Sie bei den Zehen. Was spüren Sie dort? Wärme? Kälte? Kribbeln? Nichts?
- Wandern Sie langsam aufwärts – Füße, Knöchel, Waden, Knie...
- Bei jeder Region verweilen Sie, spüren Sie, atmen Sie hinein
- Keine Bewertung, kein "sollte". Nur wahrnehmen, was ist
- Besondere Aufmerksamkeit für Bereiche, die Sie normalerweise ignorieren

Was Sie entdecken werden: Der Körper ist eine Landschaft von Empfindungen, ständig in Veränderung. Kein Moment gleicht dem anderen. Was fest und solide scheint, erweist sich als Tanz von Energie.

Energie und Bewusstsein

Alle spirituellen Traditionen kennen das Konzept der Lebensenergie: Prana im Yoga, Qi im Taoismus, Pneuma bei den Griechen. Diese Energie ist die Brücke zwischen Geist und Materie, zwischen Bewusstsein und Form.

In unserem materialistischen Weltbild wird diese Energie oft geleugnet oder als Einbildung abgetan. Aber jeder, der ernsthaft praktiziert, kennt die Realität energetischer Phänomene:

- Das Kribbeln während tiefer Meditation
- Die Wärme, die bei Heilarbeit durch die Hände fließt
- Die Energiewellen bei emotionaler Befreiung
- Das Gefühl expandierender Weite bei spirituellen Öffnungen

Diese Phänomene sind weder übernatürlich noch eingebildet. Sie sind natürliche Aspekte unseres Seins, die wir in unserer kopflastigen Kultur verlernt haben wahrzunehmen.

Übung: Die Energie zwischen den Händen

1. Reiben Sie Ihre Handflächen 30 Sekunden kräftig aneinander
2. Halten Sie die Hände etwa 20 cm auseinander, Handflächen zueinander
3. Bewegen Sie die Hände langsam aufeinander zu und wieder auseinander
4. Spüren Sie: Gibt es einen Punkt, wo Sie einen Widerstand spüren? Ein Kribbeln? Eine Wärme?
5. Spielen Sie damit – formen Sie die Energie wie einen Ball, dehnen Sie sie aus, verdichten Sie sie

Diese einfache Übung zeigt: Energie ist real und spürbar. Mit Übung können Sie lernen, diese Energie zu lenken, zu verstärken, zu harmonisieren. Das ist die Grundlage aller Energiearbeit.

6.3 Die Heilung der Körper-Geist-Spaltung

Trauma und spirituelle Blockaden

Trauma wird im Körper gespeichert. Diese Erkenntnis revolutioniert sowohl Psychotherapie als auch spirituelle Praxis. Wenn wir ein überwältigendes Ereignis erleben und es nicht vollständig verarbeiten können, "friert" die Energie im Körper ein.

Diese eingefrorene Energie manifestiert sich als:

- Chronische Muskelverspannungen
- Bereiche von Taubheit oder Überempfindlichkeit
- Gestörte Atemmuster
- Energieblockaden

Auf der spirituellen Ebene wirken diese Traumata wie Dämme im Fluss der Lebensenergie. Sie verhindern die freie Zirkulation von Prana/Qi, schaffen tote Zonen im Körper-Geist-System.

Viele spirituell Praktizierende wundern sich, warum sie trotz jahrelanger Meditation nicht weiterkommen. Oft ist ungelöstes Trauma der Grund. Solange die Energie im Körper gebunden ist, kann sich das Bewusstsein nicht frei entfalten.

Der Weg zurück zur Ganzheit

Die Heilung der Körper-Geist-Spaltung erfordert einen integrativen Ansatz. Es reicht nicht, nur zu meditieren oder nur Körperarbeit zu machen. Wir brauchen beides.

Somatische Therapieansätze:

Somatic Experiencing (Peter Levine): Arbeitet direkt mit dem Nervensystem, um Trauma zu lösen. Der Fokus liegt auf Körperempfindungen, nicht auf der Geschichte.

TRE (Trauma Release Exercises) (David Berceli): Nutzt natürliche Zittermechanismen des Körpers, um Spannung und Trauma zu entladen.

Hakomi (Ron Kurtz): Verbindet Achtsamkeit mit Körperpsychotherapie. Der Körper wird als Tor zum Unbewussten genutzt.

EMDR (Francine Shapiro): Verwendet bilaterale Stimulation, um traumatische Erinnerungen zu integrieren.

Diese Ansätze erkennen: Heilung geschieht nicht durch Verstehen allein, sondern durch verkörperte Erfahrung. Der Körper muss spüren, dass die Gefahr vorbei ist. Das Nervensystem muss lernen, wieder in die Entspannung zu finden.

Embodiment als spirituelle Praxis

"Embodiment" – Verkörperung – ist mehr als nur "im Körper sein". Es ist die volle Inkarnation des Bewusstseins in der Form. Es ist das Ende der Flucht vor der Materialität, die Umarmung unserer menschlichen Erfahrung.

Viele spirituelle Suchende streben nach Transzendenz – dem Aufstieg in höhere Dimensionen, der Flucht aus der Körperlichkeit. Aber wahre Spiritualität ist nicht Transzendenz allein, sondern Transzendenz UND Immanenz. Nicht nur aufsteigen, sondern auch absteigen. Nicht nur Himmel, sondern Himmel AUF Erden.

Die Praxis der Verkörperung:

Erdung: Barfuß auf der Erde gehen. Die Verbindung zur Erde spüren. Visualisieren, wie Wurzeln aus Ihren Füßen in die Erde wachsen. Sie sind nicht nur Geist – Sie sind Geist in einem Erdenkörper.

Bewusste Sinnlichkeit: Essen Sie eine Orange mit voller Präsenz. Sehen Sie die Farbe, riechen Sie den Duft, spüren Sie die Textur, schmecken Sie die Süße. Sinnlichkeit ist nicht unspirituell – sie ist die Art, wie Gott die Welt erfährt.

Kraftvolle Präsenz: Stehen Sie aufrecht, Füße hüftbreit, Knie leicht gebeugt. Spüren Sie Ihre Kraft, Ihre Stabilität. Sie sind hier, jetzt, verkörpert. Kein ätherisches Wesen, sondern ein kraftvoller Mensch.

Emotionale Verkörperung: Wenn Emotionen aufsteigen, fliehen Sie nicht in den Kopf. Spüren Sie, wo im Körper die Emotion sitzt. Atmen Sie hinein. Geben Sie ihr Raum. Lassen Sie sie sich durch Bewegung, Tönen, Ausdruck entladen.

6.4 Praktische Übungen zur Verkörperung

Body-Scan mit spiritueller Dimension

Der klassische Body-Scan wird oft als Entspannungstechnik gelehrt. Aber er kann viel mehr sein – ein Tor zur Erfahrung unserer multidimensionalen Natur.

Der erweiterte Body-Scan:

Beginnen Sie wie gewohnt, aber fügen Sie diese Dimensionen hinzu:

1. **Physische Ebene:** Spüren Sie Knochen, Muskeln, Organe
2. **Energetische Ebene:** Nehmen Sie Wärme, Kribbeln, Pulsieren wahr
3. **Emotionale Ebene:** Welche Gefühle sind in verschiedenen Körperregionen gespeichert?
4. **Mentale Ebene:** Welche Gedanken oder Bilder tauchen auf?
5. **Spirituelle Ebene:** Spüren Sie die Präsenz, die all dies bezeugt

Bei diesem erweiterten Scan entdecken Sie: Der Körper ist nicht nur physisch. Er ist ein multidimensionales Phänomen, in dem alle Ebenen Ihres Seins zusammenkommen.

Besondere Aufmerksamkeit verdienen die Energiezentren (Chakras):

- Wurzelchakra: Sicherheit, Erdung, Überleben
- Sakralchakra: Kreativität, Sexualität, Fluss
- Solarplexus: Macht, Wille, Identität
- Herzchakra: Liebe, Mitgefühl, Verbindung
- Kehlchakra: Ausdruck, Wahrheit, Kommunikation
- Stirnchakra: Intuition, Vision, Weisheit
- Kronenchakra: Einheit, Transzendenz, Verbindung zum Göttlichen

Spüren Sie in jedes Zentrum. Ist es offen oder verschlossen? Lebendig oder träge? Ohne zu urteilen, nur wahrnehmen. Mit der Zeit entwickeln Sie ein feines Gespür für Ihre energetische Landschaft.

Bewegungsmeditationen

Hier einige kraftvolle Bewegungsmeditationen für verschiedene Bedürfnisse:

Die Schüttelmeditation (für Loslassen):

- Stehen Sie mit leicht gebeugten Knien
- Beginnen Sie sanft zu schütteln – erst die Hände, dann Arme, dann den ganzen Körper
- Lassen Sie das Schütteln intensiver werden
- Nach 5-10 Minuten: Stopp! Stehen Sie vollkommen still

- Spüren Sie die Energie, die durch Ihren Körper strömt

Diese Übung löst Spannungen, befreit festgehaltene Emotionen und bringt Energie zum Fließen.

Die Wirbelsäulen-Welle (für Flexibilität):

- Auf allen Vieren, Hände unter Schultern, Knie unter Hüften
- Einatmen: Rücken durchhängen lassen (Kuh-Position)
- Ausatmen: Rücken runden (Katzen-Position)
- Lassen Sie die Bewegung wellenförmig durch die Wirbelsäule fließen
- Mit der Zeit: Die Welle wird zur Meditation

Die Wirbelsäule ist die Achse unseres Seins. Ihre Flexibilität spiegelt unsere Fähigkeit, mit dem Leben zu fließen.

Der authentische Bewegungsfluss:

- Stehen oder sitzen Sie mit geschlossenen Augen
- Spüren Sie in Ihren Körper: Was will sich bewegen?
- Folgen Sie dem Impuls, egal wie klein
- Keine geplante Bewegung, nur dem Körper folgen
- Lassen Sie sich überraschen

Diese Praxis lehrt tiefes Vertrauen in die Körperweisheit. Der Körper weiß, was er braucht – wir müssen nur zuhören.

Die Alchemie der Transformation

Der Körper ist das alchemistische Gefäß, in dem Transformation geschieht. Wie die Alchemisten des Mittelalters Blei in Gold verwandeln wollten, können wir schwere Energie in Licht transformieren.

Die Atem-Alchemie:

Der Atem ist der große Transformator. Mit ihm können wir Energie bewegen, reinigen, verfeinern:

Feueratem (für Energie): Schnelle, kraftvolle Atmung durch die Nase. Aktiviert, reinigt, energetisiert.

Wellenatmung (für Flow): Lassen Sie den Atem wie eine Welle durch den Körper fließen. Einatmen von unten nach oben, ausatmen von oben nach unten.

Herzatmung (für Liebe): Atmen Sie direkt in Ihr Herz. Stellen Sie sich vor, Ihr Herz hätte Nasenlöcher. Mit jedem Atemzug dehnt sich Ihr Herz.

Stille Atmung (für Transzendenz): Lassen Sie den Atem so fein werden, dass er kaum wahrnehmbar ist. An der Grenze zwischen Atmen und Nicht-Atmen öffnet sich ein Tor.

Die Emotions-Alchemie:

Emotionen sind Energie in Bewegung (E-motion). Statt sie zu unterdrücken oder auszuagieren, können wir sie alchemistisch transformieren:

1. **Lokalisieren:** Wo im Körper sitzt die Emotion?
2. **Intensivieren:** Verstärken Sie die Empfindung bewusst
3. **Bewegen:** Lassen Sie die Energie sich bewegen – durch Atem, Bewegung, Tönen
4. **Öffnen:** Öffnen Sie sich für die Botschaft der Emotion
5. **Integrieren:** Lassen Sie die transformierte Energie sich im ganzen System verteilen

Wut wird zu Kraft. Trauer zu Mitgefühl. Angst zu Aufregung. Nicht durch Denken, sondern durch verkörperte Alchemie.

Integration: Der heilige Tanz von Geist und Materie

Am Ende dieses Kapitels kommen wir zu einer fundamentalen Einsicht: Die Trennung zwischen Körper und Geist, zwischen Materie und Bewusstsein, ist eine Illusion. Sie sind zwei Aspekte derselben Wirklichkeit.

Der Körper ist geronnener Geist. Der Geist ist befreiter Körper. In jedem Atom tanzt Bewusstsein. In jedem Gedanken vibriert Energie. Die mystics haben es immer gewusst: "As above, so below." Wie oben, so unten.

Diese Einsicht hat praktische Konsequenzen:

- **Spirituelle Praxis** wird körperlich: Meditation bezieht den ganzen Körper ein
- **Körperarbeit** wird spirituell: Jede Berührung ist heilig
- **Heilung** wird ganzheitlich: Körper, Geist und Seele werden als Einheit behandelt
- **Leben** wird Yoga: Jede Bewegung, jeder Atemzug wird zur Praxis

Der erwachte Mensch lebt nicht trotz seines Körpers, sondern durch ihn. Er flieht nicht die Materie, sondern erkennt sie als Manifestation des Geistes. Er strebt nicht nur nach oben, sondern bringt den Himmel auf die Erde.

In dieser Integration liegt unsere wahre Aufgabe als verkörperte Wesen: Die Brücke zu sein zwischen Himmel und Erde, der lebendige Tempel, in dem Geist und Materie sich vermählen.

Ihr Körper wartet auf Sie. Nicht als Diener oder Herrscher, sondern als Partner auf dem Weg. Hören Sie seine Weisheit. Ehren Sie seine Bedürfnisse. Feiern Sie seine Freuden. Er ist nicht nur Ihr Vehikel – er ist Ihr Lehrer, Ihr Tempel, Ihr Tor zum Göttlichen.

Der Tanz hat begonnen. Werden Sie mittanzen?

TEIL III: DIE INTEGRATION

Kapitel 7: Schatten und Licht - Die Ganzheit umarmen

Es war während eines zehntägigen Schweige-Retreats in den österreichischen Alpen. Maria hatte sich so auf dieses Retreat gefreut – endlich Zeit für tiefe Meditation, für Frieden, für spirituelle Erhebung. Die ersten Tage liefen wie erwartet: Sie fühlte sich ruhig, zentriert, dem Göttlichen nah.

Dann, am vierten Tag, brach die Hölle los. Aber nicht außen – innen. Während einer Meditation stieg eine Wut in ihr auf, so heftig, dass sie am liebsten geschrien hätte. Wut auf ihre Mutter, die sie nie wirklich gesehen hatte. Wut auf ihren Ex-Mann, der sie betrogen hatte. Wut auf sich selbst für all die Male, wo sie zu nett, zu angepasst, zu "spirituell" gewesen war.

Ihre erste Reaktion war Panik. Das durfte nicht sein! Sie war doch hier, um friedvoll zu werden, nicht wütend. Sie versuchte, die Wut wegzumeditieren, sich auf den Atem zu konzentrieren, liebende Güte zu praktizieren. Aber je mehr sie kämpfte, desto stärker wurde die Wut.

Am Abend brach sie zusammen. In einem Einzelgespräch mit der Retreat-Leiterin weinte sie: "Ich bin eine Versagerin. Nach all den Jahren spiritueller Praxis bin ich immer noch voller Wut. Ich werde nie erleuchtet werden."

Die weise Lehrerin lächelte. "Wer sagt, dass Erleuchtung bedeutet, keine Wut zu haben? Was wäre, wenn

Erleuchtung bedeutet, groß genug zu sein für alles – für Wut UND Frieden, für Dunkelheit UND Licht?"

Diese Worte veränderten alles. In den folgenden Tagen lernte Maria, ihre Wut willkommen zu heißen. Sie entdeckte die Kraft darin, die Klarheit, die gesunden Grenzen. Sie erkannte: Das, was sie als ihren Schatten abgelehnt hatte, war ein verborgener Schatz.

Am Ende des Retreats war sie nicht die friedvolle Heilige geworden, die sie zu sein gehofft hatte. Sie war etwas viel Wertvolleres geworden: ein ganzer Mensch.

7.1 Die spirituelle Bedeutung unserer dunklen Seiten

Jung meets östliche Weisheit

Carl Gustav Jung revolutionierte unser Verständnis der Psyche mit seinem Konzept des Schattens. Der Schatten, so Jung, ist all das, was wir an uns selbst nicht sehen wollen oder können – die verdrängten, verleugneten, projizierten Aspekte unseres Seins.

"Man wird nicht dadurch erleuchtet, dass man sich Lichtgestalten vorstellt", schrieb Jung, "sondern durch Bewusstmachung der Dunkelheit." Diese Einsicht steht in scheinbarem Widerspruch zu vielen spirituellen Lehren, die Licht, Liebe und Positivität betonen.

Aber die tieferen östlichen Lehren wussten schon immer um die Einheit der Gegensätze. Das Yin-Yang-Symbol zeigt es perfekt: Im Licht ist ein Punkt Dunkelheit, in der

Dunkelheit ein Punkt Licht. Sie sind nicht getrennt, sondern durchdringen einander, bedingen einander, gebären einander.

Im Tantra wird diese Einsicht radikal gelebt. Statt die "dunklen" Energien – Wut, Begierde, Eifersucht – zu unterdrücken, werden sie als Rohmaterial für Transformation genutzt. Die Energie selbst ist neutral; es ist unsere Beziehung zu ihr, die sie zu Gift oder Medizin macht.

Der Schatten als Lehrer

Unser Schatten enthält nicht nur das "Negative" – er enthält alles, was nicht in unser Selbstbild passt. Für einen aggressiven Menschen kann Sanftmut im Schatten liegen. Für einen Intellektuellen die körperliche Sinnlichkeit. Für einen Atheisten die Sehnsucht nach dem Heiligen.

Der Schatten ist unser größter Lehrer, weil er uns zeigt, wo wir unvollständig sind. Er ist wie ein kosmischer Spiegel, der uns die Aspekte zeigt, die wir zu integrieren haben, um ganz zu werden.

Die Goldmine im Schatten:

Jung sprach auch vom "goldenen Schatten" – den positiven Qualitäten, die wir verdrängt haben. Vielleicht wurden Sie als Kind für Ihre Kreativität kritisiert und haben sie begraben. Vielleicht haben Sie Ihre Führungsqualitäten versteckt, um nicht aufzufallen. Vielleicht haben Sie Ihre Sinnlichkeit verleugnet, um "spirituell" zu sein.

Diese verborgenen Schätze warten darauf, gehoben zu werden. Oft projizieren wir sie auf andere – wir bewundern in anderen, was wir in uns selbst nicht zu leben wagen. Der spirituelle Lehrer, den Sie verehren, trägt vielleicht Qualitäten, die in Ihnen schlummern.

Integration statt Verleugnung

Die traditionelle religiöse Antwort auf den Schatten war oft Verleugnung oder Bekämpfung. Die "niederen" Impulse sollten überwunden, die "sündigen" Gedanken bereut werden. Das Ergebnis: Der Schatten wurde nur stärker, perverser, destruktiver.

Die psychologische Antwort ist oft Analyse und Verstehen. Das ist hilfreich, aber nicht ausreichend. Den Schatten intellektuell zu verstehen ist wie eine Speisekarte zu lesen statt zu essen.

Die integrale Antwort ist: Den Schatten umarmen, ohne sich mit ihm zu identifizieren. Seine Energie willkommen heißen, ohne von ihr überwältigt zu werden. Seine Botschaft hören, ohne ihr blind zu folgen.

Übung: Dialog mit dem Schatten

1. Identifizieren Sie eine Qualität, die Sie in anderen ablehnen oder übermäßig bewundern
2. Setzen Sie sich hin und stellen Sie sich diese Qualität als Person vor
3. Führen Sie einen Dialog:
    - "Was willst du mir sagen?"
    - "Was brauchst du von mir?"
    - "Welche Gabe bringst du?"
4. Hören Sie wirklich zu, ohne zu urteilen

5. Fragen Sie: "Wie kann ich dich ehren, ohne von dir beherrscht zu werden?"

Sie werden überrascht sein von der Weisheit Ihres Schattens. Der aggressive Anteil will vielleicht nur, dass Sie für sich einstehen. Der faule Anteil erinnert Sie vielleicht daran, dass Sie auch Ruhe brauchen. Der eitle Anteil möchte vielleicht, dass Sie Ihre Gaben nicht länger verstecken.

7.2 Die Fallen des spirituellen Bypassing

Wenn Licht zum Schatten wird

"Spirituelles Bypassing" – ein Begriff, geprägt von John Welwood – beschreibt die Tendenz, spirituelle Ideen und Praktiken zu nutzen, um ungelöste emotionale Probleme, psychologische Wunden und unvollendete Entwicklungsaufgaben zu umgehen.

Es ist die Schattenseite der Spiritualität selbst. In dem Bemühen, "erleuchtet" zu werden, schaffen wir einen neuen, subtileren Schatten. Wir verdrängen nicht mehr nur "negative" Qualitäten, sondern alles, was nicht in unser Bild von Spiritualität passt.

Beispiele für spirituelles Bypassing:

- "Ich bin nicht wütend, ich schicke dir Licht und Liebe" (während der Kiefer verkrampft ist)
- "Es ist alles eine Illusion" (als Ausrede, um sich nicht mit realen Problemen zu befassen)
- "Ich habe kein Ego mehr" (das größte Ego-Statement überhaupt)

- "Negative Emotionen ziehen negative Ereignisse an" (Schuldzuweisung an Opfer)
- "Alles geschieht aus einem Grund" (um schmerzhafte Gefühle zu vermeiden)

Das Tragische: Menschen, die spirituelles Bypassing betreiben, sind oft aufrichtig in ihrem Streben. Sie wollen wirklich gut, liebevoll, erleuchtet sein. Aber indem sie ihre Menschlichkeit verleugnen, werden sie zu spirituellen Karikaturen – lächelnd an der Oberfläche, aber hohl innen.

Authentizität statt Perfektion

Die Heilung vom spirituellen Bypassing beginnt mit radikaler Ehrlichkeit. Können Sie zugeben:

- Dass Sie manchmal hassen, obwohl Sie von Liebe sprechen?
- Dass Sie Angst haben, obwohl Sie Vertrauen predigen?
- Dass Sie verwirrt sind, obwohl Sie Klarheit lehren?
- Dass Sie leiden, obwohl Sie Gleichmut zeigen?

Diese Ehrlichkeit ist nicht Schwäche – sie ist Stärke. Sie ist das Ende der spirituellen Heuchelei und der Beginn echter Transformation. Wenn Sie aufhören, perfekt sein zu wollen, können Sie beginnen, ganz zu werden.

Die Praxis der radikalen Selbstakzeptanz:

Nehmen Sie sich täglich fünf Minuten für diese Übung:

1. Setzen Sie sich vor einen Spiegel
2. Schauen Sie sich in die Augen
3. Sagen Sie: "Ich sehe dich mit all deinen Lichtern und Schatten"
4. Nennen Sie konkret, was Sie heute an sich wahrnehmen:
    - "Ich sehe deine Müdigkeit"
    - "Ich sehe deine Sehnsucht"
    - "Ich sehe deine Angst"
    - "Ich sehe deine Freude"
5. Beenden Sie mit: "Ich liebe dich genau so, wie du bist"

Am Anfang mag das künstlich oder peinlich sein. Bleiben Sie dabei. Sie durchbrechen ein altes Muster der Selbstablehnung und etablieren ein neues Muster der Selbstannahme.

Die Gefahr der Einseitigkeit

Jede einseitige Entwicklung erzeugt ihren Schatten. Wenn Sie nur Licht kultivieren, wächst die Dunkelheit im Untergrund. Wenn Sie nur nach oben streben, verlieren Sie die Erdung. Wenn Sie nur die Einheit suchen, verlieren Sie die Fähigkeit zur Unterscheidung.

Die großen spirituellen Katastrophen – Gurus, die ihre Schüler missbrauchen, Priester, die Kinder verletzen, Erleuchtete, die in Größenwahn verfallen – sind oft das Resultat einseitiger Entwicklung. Je höher das Licht, desto dunkler der Schatten, wenn er nicht integriert wird.

Das Mandala der Ganzheit:

Stellen Sie sich Ihre spirituelle Entwicklung nicht als Leiter vor, die nur nach oben führt, sondern als Mandala, das sich in alle Richtungen ausdehnt:

- Nach oben: Transzendenz, Geist, Himmel
- Nach unten: Immanenz, Körper, Erde
- Nach links: Rezeptivität, Weiblichkeit, Yin
- Nach rechts: Aktivität, Männlichkeit, Yang
- Nach innen: Kontemplation, Stille, Sein
- Nach außen: Aktion, Ausdruck, Werden

Wo haben Sie sich am meisten entwickelt? Wo haben Sie sich vernachlässigt? Die vernachlässigten Bereiche sind Ihr Schatten – nicht dunkel im moralischen Sinn, aber unbeleuchtet, unentwickelt, unintegriert.

7.3 Ein neuer Ansatz zur Ganzwerdung

Die Spirale der Integration

Integration ist kein linearer Prozess. Es ist nicht so, dass Sie einmal Ihren Schatten integrieren und dann fertig sind. Es ist ein spiralförmiger Prozess, bei dem Sie immer wieder auf ähnliche Themen treffen, aber auf tieferen Ebenen.

Stellen Sie sich eine Spirale vor, die sich nach oben windet. Sie kommen immer wieder an ähnliche Punkte, aber jedes Mal eine Ebene höher. Der Zorn, den Sie mit 30 integriert haben, taucht mit 40 wieder auf – aber subtiler, differenzierter. Die Angst, die Sie überwunden glaubten, zeigt sich in neuer Form – als Gelegenheit für noch tiefere Heilung.

Diese Spirale hat keinen Endpunkt. Selbst erleuchtete Meister berichten von fortlaufender Vertiefung, fortlaufender Integration. Solange wir in einem Körper leben, in Beziehungen stehen, in der Welt wirken, gibt es neue Schichten zu entdecken.

Die Phasen der Schatten-Integration:

1. **Verleugnung:** "Ich habe keinen Schatten. Ich bin nur Licht."
2. **Projektion:** "Das Problem sind die anderen. Sie sind dunkel."
3. **Erkenntnis:** "Oh, das bin ja ich! Diese Qualität ist in mir."
4. **Widerstand:** "Das darf nicht sein. Ich muss das loswerden."
5. **Akzeptanz:** "Es ist, wie es ist. Dieser Teil gehört zu mir."
6. **Integration:** "Wie kann ich die Gabe in diesem Schatten finden?"
7. **Transformation:** "Die Energie wird zur Ressource für mein Wachstum."

Jede Phase hat ihre Berechtigung. Auch der Widerstand ist wichtig – er zeigt, dass wir die Bedeutung des Schattens erkannt haben. Drängen Sie sich nicht zur Akzeptanz. Lassen Sie den Prozess sich natürlich entfalten.

Dunkelheit als fruchtbarer Boden

In der Natur wächst neues Leben aus der Dunkelheit. Der Samen keimt in der dunklen Erde. Das Kind wächst im dunklen Mutterleib. Die Kreativität entsteht im Dunkeln des Unbewussten.

Unsere Kultur hat eine Phobie vor der Dunkelheit entwickelt. Wir beleuchten die Nacht, füllen die Stille, betäuben die Leere. Aber in dieser Flucht vor der Dunkelheit verlieren wir den Zugang zu ihrer Fruchtbarkeit.

Die dunkle Nacht der Seele:

Johannes vom Kreuz prägte diesen Begriff für die Phasen spiritueller Trockenheit und Verzweiflung. Es sind Zeiten, in denen:

- Alle spirituellen Praktiken schal werden
- Gott/das Göttliche abwesend scheint
- Der Sinn verloren geht
- Alte Gewissheiten zusammenbrechen

Diese dunklen Nächte sind keine Strafe oder Zeichen des Versagens. Sie sind notwendige Passagen der Transformation. Wie die Raupe sich im Kokon auflösen muss, bevor der Schmetterling entstehen kann, muss das alte Selbst sterben, damit das neue geboren werden kann.

In der Dunkelheit lernen wir:

- Loszulassen, was nicht mehr dient
- Ohne äußere Stützen zu stehen
- Die Stille auszuhalten
- Dem Unbekannten zu vertrauen

Die Alchemie der Verwandlung

Die Alchemisten des Mittelalters kannten den Prozess: Nigredo (Schwärzung), Albedo (Weißung), Rubedo (Rötung). Die Transformation beginnt in der Schwärze, im Chaos, in der Auflösung. Nur durch die Dunkelheit führt der Weg zum Gold.

In psycho-spiritueller Sprache:

- **Nigredo:** Die Konfrontation mit dem Schatten, Depression, Zerfall
- **Albedo:** Die Klärung, Unterscheidung, Reinigung
- **Rubedo:** Die Integration, Ganzwerdung, Lebendigkeit

Praktische Schatten-Alchemie:

1. **Identifizieren Sie eine "dunkle" Emotion** (Wut, Neid, Gier, etc.)

2. **Lokalisieren Sie sie im Körper** - Wo sitzt sie? Wie fühlt sie sich an?
3. **Verstärken Sie sie bewusst** - Nicht ausagieren, aber innerlich intensivieren
4. **Atmen Sie in sie hinein** - Geben Sie ihr Raum
5. **Fragen Sie nach ihrer Essenz** - Was ist die reine Energie dahinter?
6. **Transformieren Sie durch Akzeptanz** - Die Energie darf fließen und sich wandeln

Wut wird zu Klarheit und Kraft. Angst zu Sensibilität und Vorsicht. Gier zu Sehnsucht nach Fülle. Nicht durch Verleugnung, sondern durch liebevolle Präsenz mit dem, was ist.

7.4 Praktische Schattenarbeit

Dialog mit verdrängten Anteilen

Jeder verdrängte Anteil in uns ist wie eine abgespaltene Persönlichkeit, die im Untergrund lebt. Diese Anteile haben ihre eigene Intelligenz, ihre eigenen Bedürfnisse, ihre eigene Weisheit. Statt sie zu bekämpfen, können wir in Dialog treten.

Die Technik des aktiven Imaginierens:

Jung entwickelte diese Methode, um mit unbewussten Inhalten zu arbeiten:

1. **Entspannen Sie sich** und schließen Sie die Augen
2. **Lassen Sie ein Bild aufsteigen** von dem verdrängten Anteil
3. **Beobachten Sie ohne einzugreifen** - Wie sieht er aus? Was tut er?
4. **Treten Sie in Dialog** - Stellen Sie Fragen, hören Sie zu
5. **Verhandeln Sie** - Was braucht dieser Teil? Was können Sie ihm geben?
6. **Integrieren Sie** - Wie kann dieser Teil einen Platz in Ihrem Leben finden?

Beispiel: Eine Frau, die ihre Aggression verdrängt hat, sieht eine wilde Kriegerin. Im Dialog erfährt sie: Die Kriegerin will sie beschützen, will dass sie für sich einsteht. Sie verhandeln: Die Kriegerin darf da sein, wenn klare Grenzen nötig sind, aber nicht bei jeder Kleinigkeit explodieren.

Die Gaben im Schatten finden

Jeder Schatten birgt eine Gabe. Es ist Energie, die fehlgeleitet oder unterdrückt wurde, aber in ihrer Essenz wertvoll ist. Die Kunst ist, die Gabe zu extrahieren ohne die Verzerrung zu übernehmen.

Schatten-Gaben-Transformation:

Schatten	Mögliche Gabe
Wut	Klarheit, Grenzen, Leidenschaft
Angst	Sensibilität, Vorsicht, Intuition
Traurigkeit	Tiefe, Mitgefühl, Loslassen
Neid	Hinweis auf ungelebte Potenziale

Gier	Hunger nach Leben, Fülle
Stolz	Selbstwert, Würde
Faulheit	Bedürfnis nach Ruhe, Sein statt Tun

Die Transformation geschieht nicht durch Ablehnung des Schattens, sondern durch das Finden seiner gesunden Expression. Wut wird zu klarer Kommunikation. Angst zu weiser Vorsicht. Gier zu Dankbarkeit für Fülle.

Übungen zur Selbstannahme

Selbstannahme ist kein einmaliger Akt, sondern eine tägliche Praxis. Hier einige kraftvolle Übungen:

Der liebevolle Blick:

Jeden Morgen, bevor Sie in den Tag starten:

1. Schauen Sie sich im Spiegel an
2. Sagen Sie Ihren Namen
3. Sagen Sie: "Ich sehe dich. Ich liebe dich. Du bist genug."
4. Halten Sie Augenkontakt für mindestens 30 Sekunden
5. Lächeln Sie sich zu

Die Umarmung des Schattens:

Wenn ein ungeliebter Aspekt auftaucht:

1. Legen Sie beide Hände auf Ihr Herz
2. Sagen Sie: "Auch das bin ich"

3. Atmen Sie tief und sagen: "Ich umarme alle Teile von mir"
4. Stellen Sie sich vor, wie Sie diesen Teil liebevoll in die Arme nehmen
5. Spüren Sie die Integration

Das Ganzheits-Ritual:

Einmal pro Woche, vielleicht am Sonntag:

1. Zünden Sie eine Kerze an
2. Listen Sie auf: "Diese Woche habe ich an mir geliebt..."
3. Listen Sie auf: "Diese Woche habe ich an mir abgelehnt..."
4. Für jeden abgelehnten Aspekt: "Ich vergebe mir und integriere..."
5. Beenden mit: "Ich bin ganz, wie ich bin"

Die Ganzheit leben

Am Ende dieses Kapitels steht eine befreiende Erkenntnis: Sie müssen nicht perfekt sein. Sie müssen nicht nur Licht sein. Sie müssen nicht Ihren Schatten loswerden. Sie müssen nur ganz sein.

Ganzheit bedeutet, Raum zu haben für alles – für Ihre Stärken und Schwächen, Ihre Lichter und Schatten, Ihre Göttlichkeit und Ihre Menschlichkeit. Es bedeutet, das volle Spektrum des Menschseins zu umarmen.

In dieser Ganzheit liegt eine tiefe Entspannung. Der Krieg ist vorbei. Sie müssen nicht mehr Teile von sich bekämpfen oder verstecken. Sie können authentisch sein, verletzlich, real. Und paradoxerweise strahlen Sie gerade dann am hellsten – nicht trotz Ihrer Schatten, sondern weil Sie sie integriert haben.

Der erleuchtete Mensch ist nicht der, der keinen Schatten hat. Es ist der, der seinen Schatten kennt, ihn ehrt und seine Gaben nutzt. Es ist der, der groß genug ist für die volle Bandbreite menschlicher Erfahrung.

Jung sagte: "Ich bin nicht das, was mir passiert ist. Ich bin das, was ich entscheide zu werden." Diese Entscheidung schließt die bewusste Integration unserer Schatten ein. Nicht um sie auszuagieren, sondern um ihre Energie für unser höchstes Wohl zu nutzen.

Ihre Schatten warten auf Sie. Nicht als Feinde, sondern als verbannte Familienmitglieder, die nach Hause kommen wollen. Öffnen Sie die Tür. Das Fest der Ganzwerdung kann beginnen.

Kapitel 8: Beziehungen als Spiegel des Erwachens

Der Moment, der alles veränderte, kam unerwartet. David und Sarah saßen beim Abendessen, wie sie es seit fünfzehn Jahren taten. Aber an diesem Abend explodierte etwas. Ein kleiner Kommentar über das Salz im Essen wurde zum Funken, der ein Pulverfass entzündete.

"Du kritisierst immer alles, was ich tue!", schrie Sarah. "Und du hörst mir nie wirklich zu!", schoss David zurück.

Plötzlich standen fünfzehn Jahre unausgesprochener Verletzungen im Raum. Vorwürfe flogen hin und her. Alte Wunden rissen auf. Es war, als würden zwei Fremde sich anschreien, nicht zwei Menschen, die sich liebten.

Dann, in einer Pause zwischen den Wortgefechten, geschah etwas Unerwartetes. David sah Sarah wirklich an – nicht die Projektion seiner Enttäuschungen, sondern die Frau vor ihm. Er sah die Tränen in ihren Augen, die Erschöpfung, aber auch die Liebe, die immer noch da war, begraben unter Jahren von Missverständnissen.

"Warte", sagte er leise. "Was machen wir hier eigentlich?"

Sarah hielt inne. In diesem Moment der Stille erkannten beide: Sie kämpften nicht gegeneinander. Sie kämpften gegen ihre eigenen Schatten, die sie aufeinander projizierten. David sah in Sarah seine kritische Mutter. Sarah sah in David ihren abwesenden Vater.

Diese Erkenntnis war der Beginn einer neuen Phase ihrer Beziehung. Statt den anderen ändern zu wollen, begannen sie, die Beziehung als Spiegel zu nutzen. Jeder Konflikt wurde zur Gelegenheit, etwas über sich selbst zu lernen. Jede Projektion wurde zum Wegweiser zu eigenen ungeheilten Wunden.

Heute, drei Jahre später, sind sie immer noch zusammen. Nicht in einer konfliktfreien Traumbeziehung, sondern in einer bewussten Partnerschaft. Sie haben gelernt: Wahre Intimität entsteht nicht trotz unserer Schatten, sondern durch ihre gemeinsame Integration.

8.1 Spiritualität in der Begegnung

Der Andere als Tor zum Selbst

Martin Buber schrieb: "Alles wirkliche Leben ist Begegnung." In dieser einfachen Aussage liegt eine tiefe spirituelle Wahrheit. Wir erwachen nicht in Isolation, sondern in Beziehung. Der Andere – sei es Partner, Kind, Freund oder Fremder – ist das Tor zu unserem wahren Selbst.

Warum? Weil der Andere uns aus unserer selbstbezogenen Blase herausholt. Allein können wir uns wunderbare Geschichten über uns selbst erzählen. Wir können uns für erleuchtet, liebevoll, bewusst halten. Aber in der Begegnung mit dem Anderen wird die Wahrheit offenbar.

Der Andere triggert uns, spiegelt uns, fordert uns heraus. Er zeigt uns, wo wir noch nicht frei sind, wo alte Muster wirken, wo Heilung nötig ist. Jede emotionale Reaktion auf einen anderen Menschen ist ein Hinweis auf etwas in uns selbst.

Die Praxis des bewussten Spiegelns:

Wenn Sie emotional auf jemanden reagieren, fragen Sie sich:

1. Was genau triggert mich?
2. Wo kenne ich diese Qualität von mir selbst?
3. Was projiziere ich möglicherweise?
4. Was will in mir gesehen und geheilt werden?

Beispiel: Sie ärgern sich über einen "arroganten" Kollegen. Bei genauerer Betrachtung entdecken Sie:

- Sie selbst unterdrücken Ihre eigene Selbstsicherheit
- Sie projizieren Ihren verdrängten Stolz
- Der "arrogante" Kollege erinnert Sie an Ihren älteren Bruder
- Sie brauchen Heilung in Bezug auf Ihren eigenen Selbstwert

Beziehung als spirituelle Praxis

Viele spirituelle Traditionen betonen Einsamkeit und Rückzug. Aber es gibt einen anderen, ebenso gültigen Weg: Beziehung als spirituelle Praxis. In der Intimität einer bewussten Beziehung können alle spirituellen Prinzipien gelebt und getestet werden.

Beziehung als Übungsfeld für:

Präsenz: Können Sie wirklich da sein, wenn Ihr Partner spricht? Nicht nur physisch, sondern mit voller Aufmerksamkeit?

Akzeptanz: Können Sie Ihren Partner so lieben, wie er ist, nicht wie Sie ihn haben wollen?

Loslassen: Können Sie Ihre Erwartungen, Ihre Kontrolle, Ihre Rechthaberei aufgeben?

Mitgefühl: Können Sie das Leiden hinter dem schwierigen Verhalten sehen?

Authentizität: Können Sie sich verletzlich zeigen, ohne Masken?

Die Beziehung wird zum Kloster, der Partner zum Lehrer, jede Interaktion zur Gelegenheit für Wachstum. Das ist nicht immer angenehm – oft ist es herausfordernd, manchmal schmerzhaft. Aber es ist real und transformativ.

Die Mystik der Verbundenheit

In Momenten tiefer Intimität lösen sich die Grenzen zwischen Ich und Du auf. Es gibt Momente – beim Liebesspiel, im tiefen Gespräch, im gemeinsamen Schweigen – wo zwei zu eins werden. Diese Momente sind Fenster in die mystische Wahrheit der Nicht-Dualität.

Tantra versteht dies als spirituellen Pfad. Die sexuelle Vereinigung wird zum Symbol und zur Erfahrung der kosmischen Vereinigung. Shiva und Shakti, das männliche und weibliche Prinzip, vereinen sich nicht nur körperlich, sondern auf allen Ebenen des Seins.

Aber diese mystische Verbundenheit ist nicht auf romantische Beziehungen beschränkt. Sie kann in jeder echten Begegnung geschehen:

- Im Augenkontakt mit einem Fremden
- Im Spiel mit einem Kind
- In der Pflege eines kranken Elternteils
- Im tiefen Zuhören eines Freundes

Übung: Die Seele des Anderen sehen

1. Setzen Sie sich Ihrem Partner/Freund gegenüber

2. Schauen Sie sich 5 Minuten in die Augen, ohne zu sprechen
3. Sehen Sie über die Persönlichkeit hinaus
4. Erkennen Sie das gleiche Bewusstsein, das aus beiden Augen schaut
5. Ruhen Sie in dieser Erkenntnis der Einheit

Diese einfache Übung kann tiefgreifend sein. Viele berichten von spontanen Erkenntnissen der Nicht-Dualität, von Tränen der Verbundenheit, vom Fallen aller Masken.

8.2 Vom Ego-Tanz zur wahren Intimität

Projektionen durchschauen

Die meisten Beziehungen beginnen mit Projektion. Wir verlieben uns nicht in eine Person, sondern in unsere Projektion auf diese Person. Sie trägt all unsere Hoffnungen, unsere unerfüllten Bedürfnisse, unsere idealisierten Vorstellungen.

Diese "Honeymoon-Phase" ist süß, aber sie ist nicht nachhaltig. Früher oder später zeigt sich die reale Person hinter der Projektion. Das ist der Moment der Wahrheit: Können wir den realen Menschen lieben, oder waren wir nur in unsere Fantasie verliebt?

Die häufigsten Projektionen:

Die Erlöser-Projektion: Der Partner soll uns glücklich machen, uns vervollständigen, uns retten.

Die Eltern-Projektion: Wir suchen im Partner die Liebe, die wir von den Eltern nicht bekommen haben.

Die Schatten-Projektion: Wir sehen im Partner unsere eigenen verdrängten Anteile.

Die Ideal-Projektion: Der Partner soll unserem Bild des perfekten Menschen entsprechen.

Diese Projektionen zu durchschauen ist schmerzhaft aber notwendig. Es ist das Ende der Illusion und der Beginn echter Liebe. Denn echte Liebe sieht den anderen, wie er wirklich ist, und liebt ihn genau so.

Authentische Kommunikation

Die meisten Beziehungsprobleme sind Kommunikationsprobleme. Wir sagen nicht, was wir wirklich meinen. Wir hören nicht, was wirklich gesagt wird. Wir verstecken uns hinter Masken, spielen Rollen, manipulieren statt zu kommunizieren.

Authentische Kommunikation erfordert Mut. Den Mut, verletzlich zu sein. Den Mut, die Wahrheit zu sagen. Den Mut, wirklich zuzuhören.

Die vier Ebenen authentischer Kommunikation:

1. **Fakten:** Was ist objektiv geschehen?
2. **Gefühle:** Was fühle ich dabei?
3. **Bedürfnisse:** Was brauche ich?
4. **Bitten:** Was wünsche ich mir konkret?

Beispiel statt "Du bist immer so egoistisch!" (Angriff): "Als du gestern unsere Verabredung vergessen hast (Fakt), war ich verletzt und traurig (Gefühl). Ich brauche das Gefühl, wichtig für dich zu sein (Bedürfnis). Könntest du unsere Termine in deinen Kalender eintragen? (Bitte)"

Diese Art zu kommunizieren macht verletzlich. Aber Verletzlichkeit ist die Grundlage echter Intimität.

Die Kunst des bewussten Beziehens

Bewusstes Beziehen bedeutet, jeden Moment der Beziehung als Praxis zu sehen. Nicht nur die großen Momente – Hochzeit, Geburt, Krise – sondern die kleinen alltäglichen Interaktionen.

Praktiken für bewusste Beziehung:

Der heilige Pause: Bevor Sie reagieren, halten Sie inne. Ein Atemzug. Eine Sekunde Stille. In dieser Pause liegt Ihre Freiheit zu wählen statt automatisch zu reagieren.

Das tägliche Check-in: Jeden Abend 10 Minuten: Wie geht es mir? Wie geht es dir? Was brauche ich? Was brauchst du? Ohne Problemlösung, nur Präsenz.

Die Appreciation-Praxis: Täglich drei Dinge, die Sie am Partner schätzen. Konkret, spezifisch, von Herzen. "Ich schätze, wie du heute Morgen meinen Kaffee gemacht hast."

Der bewusste Konflikt: Wenn Streit entsteht: "Warte, lass uns das bewusst machen." Setzen Sie sich hin, atmen Sie, sprechen Sie abwechselnd, hören Sie wirklich zu.

Die Intimitäts-Meditation: Gemeinsam meditieren, gemeinsam atmen, gemeinsam in die Stille gehen. Die spirituelle Dimension der Beziehung nähren.

8.3 Konflikte als Wachstumschancen

Der spirituelle Wert von Reibung

In unserer Harmonie-süchtigen spirituellen Kultur werden Konflikte oft als Zeichen des Scheiterns gesehen. Aber Konflikte sind unvermeidlich und – richtig gehandhabt – ungeheuer wertvoll.

Konflikte zeigen:

- Wo unsere Grenzen sind
- Was uns wichtig ist
- Wo alte Wunden getriggert werden
- Wo Wachstum möglich ist

Der Sufi-Dichter Rumi schrieb: "Sei dankbar für jeden, der dich herausfordert, denn er ist dein spiritueller Lehrer." In jedem Konflikt liegt eine Einladung zur Transformation.

Die Alchemie des Konflikts:

1. **Hitze:** Der Konflikt entsteht, Emotionen kochen hoch
2. **Containment:** Statt zu explodieren oder zu fliehen, halten Sie den Raum
3. **Bewusstsein:** Sie beobachten, was in Ihnen geschieht
4. **Transformation:** Die rohe Energie wird zu Klarheit und Verständnis
5. **Integration:** Neue Einsichten werden in die Beziehung integriert

Beispiel: Ein Paar streitet immer wieder über Geld. Statt beim Oberflächenthema zu bleiben, gehen sie tiefer:

- Er entdeckt seine Angst vor Armut aus der Kindheit
- Sie erkennt ihr Bedürfnis nach Sicherheit
- Beide sehen, wie sie alte Familienmuster wiederholen
- Sie entwickeln Mitgefühl füreinander
- Gemeinsam finden sie neue Wege mit Geld umzugehen, die beide ehren

Der Konflikt wird zum Lehrer, die Reibung zum Schleifstein, der die rauen Kanten glättet.

Transformation durch Beziehung

Beziehungen sind Transformationsbeschleuniger. Was allein vielleicht Jahre dauern würde zu erkennen, wird in der Intimität einer Beziehung schnell offensichtlich. Der Partner wird zum Katalysator unserer Evolution.

Dies geschieht durch verschiedene Mechanismen:

Spiegelung: Der Partner spiegelt unsere unbewussten Muster. Seine Reaktionen zeigen uns, wie wir wirken.

Trigger: Alte Wunden werden aktiviert. Was geheilt werden will, kommt an die Oberfläche.

Herausforderung: Wir werden aus unserer Komfortzone geholt. Wachstum wird notwendig.

Unterstützung: In der Sicherheit der Liebe können wir uns trauen, verletzlich zu sein.

Zeuge: Jemand sieht unseren Prozess, unsere Kämpfe, unsere Durchbrüche.

Die bewusste Nutzung von Beziehungsdynamiken:

Statt Beziehungsprobleme als lästig zu sehen, können wir sie als Curriculum unserer Seelenuniversität verstehen. Jedes wiederkehrende Muster ist wie ein Kurs, den wir noch nicht bestanden haben.

Fragen Sie sich:

- Was ist mein wiederkehrendes Beziehungsthema?
- Welche Lektion will gelernt werden?
- Wie kann ich dieses Muster als Lehrer ehren?
- Was würde Meisterschaft in diesem Bereich bedeuten?

Liebe jenseits von Bedürftigkeit

Die meisten Beziehungen basieren auf Bedürftigkeit. "Ich brauche dich, um glücklich zu sein." "Du machst mich vollständig." Das klingt romantisch, ist aber eine Falle. Bedürftige Liebe wird schnell zu Abhängigkeit, Kontrolle, Manipulation.

Wahre Liebe kommt aus der Fülle, nicht aus dem Mangel. Sie sagt: "Ich bin ganz, du bist ganz, und zusammen erschaffen wir etwas Größeres." Diese Liebe gibt frei statt zu klammern. Sie feiert die Unabhängigkeit des anderen statt sie zu fürchten.

Der Weg von bedürftiger zu reifer Liebe:

1. **Selbstliebe kultivieren:** Sie können nur geben, was Sie haben
2. **Ganzheit finden:** Erkennen Sie, dass Sie bereits vollständig sind
3. **Projektionen zurücknehmen:** Der Partner ist nicht für Ihr Glück verantwortlich
4. **Freiheit schenken:** Liebe will den anderen frei, nicht besitzen
5. **Aus Fülle geben:** Lieben wird zur Freude, nicht zur Pflicht

Diese reife Liebe ist nicht weniger leidenschaftlich. Im Gegenteil – wenn zwei ganze Menschen sich begegnen, entsteht ein Feuer, das heller brennt als jede bedürftige Verschmelzung.

8.4 Übungen für bewusste Beziehungen

Präsenz in der Begegnung

Die wichtigste Qualität in Beziehungen ist Präsenz. Wirklich da zu sein, wenn wir mit jemandem sind. Nicht halb im Handy, nicht in Gedanken woanders, sondern vollkommen präsent.

Die 5-Minuten-Präsenz-Übung:

Täglich 5 Minuten mit Ihrem Partner (oder Kind, Freund):

1. Alle Ablenkungen ausschalten
2. Sich gegenübersetzen
3. In die Augen schauen
4. Nichts tun, nichts sagen müssen
5. Einfach präsent sein miteinander

Am Anfang mag das unbeholfen sein. Der Verstand will etwas tun, sagen, verbessern. Bleiben Sie bei der Einfachheit. Mit der Zeit wird diese stille Präsenz zu einer Oase in der Beziehung.

Die Praxis des tiefen Zuhörens

Wirkliches Zuhören ist selten. Meist warten wir nur darauf, selbst zu sprechen. Oder wir hören durch den Filter unserer Urteile, Ratschläge, Interpretationen. Tiefes Zuhören hört die Seele hinter den Worten.

Die Stufen des tiefen Zuhörens:

1. **Hören der Worte:** Was wird gesagt?
2. **Hören der Gefühle:** Was fühlt der Sprechende?
3. **Hören der Bedürfnisse:** Was braucht er wirklich?
4. **Hören der Essenz:** Wer ist dieser Mensch in seiner Tiefe?

5. **Hören der Stille:** Was ist zwischen und hinter den Worten?

Übung: Der heilige Zuhör-Raum

1. Vereinbaren Sie 10 Minuten Sprechzeit für jeden
2. Der Sprechende spricht über das, was ihn bewegt
3. Der Zuhörende hört nur zu – keine Kommentare, Ratschläge, Urteile
4. Nur Präsenz, vielleicht ein "Ich höre dich"
5. Nach 10 Minuten Wechsel

Diese einfache Praxis kann Wunder wirken. Menschen fühlen sich gehört, gesehen, gewürdigt. Oft lösen sich Probleme von selbst, wenn sie wirklich gehört werden.

Gemeinsame Meditation

Spirituelle Praxis muss nicht einsam sein. Gemeinsam zu meditieren schafft ein Feld der Stille, das größer ist als die Summe seiner Teile.

Varianten gemeinsamer Meditation:

Atem-Synchronisation: Atmen Sie gemeinsam. Spüren Sie, wie Ihre Rhythmen sich angleichen.

Herz-Meditation: Hand auf das Herz des anderen. Spüren Sie den Herzschlag. Senden Sie Liebe.

Mantra-Meditation: Gemeinsam ein Mantra singen oder summen. Die Schwingungen vereinen sich.

Stille Meditation: Nebeneinander in Stille sitzen. Die Präsenz des anderen unterstützt die eigene.

Geh-Meditation: Hand in Hand langsam gehen. Jeder Schritt bewusst, gemeinsam.

Das wöchentliche Beziehungs-Ritual:

Schaffen Sie ein wöchentliches Ritual für Ihre Beziehung:

1. Fester Zeitpunkt, heiliger Raum
2. Beginnen Sie mit gemeinsamer Stille
3. Teilen Sie Dankbarkeit: "Diese Woche bin ich dankbar für..."
4. Teilen Sie Verletzlichkeit: "Diese Woche war schwer für mich..."
5. Erneuern Sie Ihre Absicht: "Ich wähle dich wieder"
6. Enden Sie mit Berührung, Umarmung, Segen

Dieses Ritual wird zum Anker der Beziehung. Egal wie turbulent die Woche war, hier kommen Sie wieder zusammen.

Die heilige Beziehung

Am Ende dieses Kapitels steht eine Vision: die heilige Beziehung. Nicht perfekt, nicht konfliktfrei, aber bewusst. Eine Beziehung, in der zwei Menschen sich gegenseitig beim Erwachen unterstützen.

In einer heiligen Beziehung:

- Ist jeder für sein eigenes Glück verantwortlich
- Werden Projektionen erkannt und zurückgenommen
- Sind Konflikte Gelegenheiten für Wachstum
- Wird der andere in seiner Essenz gesehen und geliebt
- Ist Raum für Individualität UND Verbindung
- Wird die spirituelle Dimension genährt

Diese Art von Beziehung ist nicht für jeden. Sie erfordert Mut, Reife, Engagement für Wachstum. Sie ist nicht der einfache Weg. Aber für die, die bereit sind, ist sie ein Pfad von unvergleichlicher Tiefe und Schönheit.

Ramana Maharshi wurde einmal gefragt, ob man für die Erleuchtung Beziehungen aufgeben müsse. Er antwortete: "Nein. Aber Sie müssen die Illusion aufgeben, dass der andere Sie glücklich machen kann. Wenn Sie das erkannt haben, können Sie wirklich lieben."

In dieser wahren Liebe – frei von Bedürftigkeit, reich an Präsenz – offenbart sich das Göttliche. Zwei Wellen erkennen, dass sie derselbe Ozean sind. Die Trennung löst sich auf, nicht durch Verschmelzung, sondern durch Erkenntnis.

Ihre Beziehungen warten darauf, Tore zum Erwachen zu werden. Jede Begegnung ist eine Einladung. Jeder Mensch in Ihrem Leben ist ein Buddha, der Ihnen hilft zu erwachen – manchmal durch Liebe, manchmal durch Herausforderung, immer durch die Spiegelung Ihrer eigenen Tiefe.

Sehen Sie hin. Hören Sie zu. Öffnen Sie Ihr Herz. Die Beziehung selbst wird zum Guru.

Kapitel 9: Die Alltäglichkeit des Heiligen

Es ist 6:47 Uhr. Der Wecker klingelt. Anna streckt sich, tappt ins Bad, putzt die Zähne. Ein ganz normaler Morgen. Oder doch nicht?

Während sie die Zahnbürste bewegt, geschieht etwas. Statt in Gedanken schon bei der Arbeit zu sein, ist sie plötzlich vollkommen präsent. Sie spürt die Borsten auf dem Zahnfleisch, schmeckt die Minze, hört das Rauschen des Wassers. Und in dieser einfachen Präsenz öffnet sich etwas.

Das Zähneputzen wird zur Meditation. Das Badezimmer zum Tempel. Der gewöhnliche Moment offenbart seine außergewöhnliche Tiefe. Tränen steigen in Annas Augen – nicht aus Trauer, sondern aus Dankbarkeit für die schiere Wunderbarkeit des Seins.

Als sie in die Küche geht, ist alles verändert. Der Kaffee wird zur heiligen Kommunion. Das Schneiden des Brotes zur achtsamen Zeremonie. Das Frühstück mit ihrer Familie zum Gottesdienst. Nichts Äußeres hat sich geändert, und doch ist alles durchdrungen von einer stillen Heiligkeit.

Auf dem Weg zur Arbeit, im überfüllten Bus, inmitten von müden Gesichtern und Handygeklimper, bleibt diese Qualität. Sie sieht das Göttliche in jedem Gesicht, die

Buddha-Natur in jedem Menschen. Der Bus wird zum rollenden Ashram, die Fahrt zur bewegten Meditation.

So kann es sein. Nicht immer, nicht ständig. Aber öfter, als wir denken. Das Heilige ist nicht irgendwo anders. Es ist hier, verborgen im Gewöhnlichen, wartend darauf, entdeckt zu werden.

9.1 Meister Eckharts "Gott in allen Dingen"

Das Sakrale im Profanen

Meister Eckhart war radikal in seiner Sicht: Gott ist nicht nur in Kirchen und Klöstern zu finden. Gott ist überall, in allem, zu jeder Zeit. "Gott ist mir näher als ich mir selbst bin", sagte er. Diese Nähe bedeutet: Jeder Moment, jeder Ort, jede Handlung kann zum Fenster ins Göttliche werden.

Diese Sicht war revolutionär in einer Zeit, die das Heilige streng vom Weltlichen trennte. Für Eckhart war diese Trennung die eigentliche Häresie. Wie kann Gott, der alles durchdringt, irgendwo abwesend sein? Wie kann es unheilige Orte geben in einer von Gott geschaffenen und durchdrungenen Welt?

"Wer Gott nur in der Andacht findet", warnte Eckhart, "der hat ihn nicht wirklich." Der wahre Test der Gotteserfahrung ist nicht die Ekstase in der Meditation, sondern die Fähigkeit, das Göttliche im Alltag zu sehen.

Die Praxis der Allgegenwart:

Wählen Sie einen gewöhnlichen Gegenstand – einen Löffel, einen Stein, einen Bleistift. Betrachten Sie ihn mit vollständiger Aufmerksamkeit:

- Sehen Sie seine Form, Farbe, Textur
- Spüren Sie sein Gewicht, seine Temperatur
- Erwägen Sie seine Geschichte – woher kam das Material?
- Kontemplieren Sie das Wunder seiner Existenz
- Erkennen Sie: Das gleiche Bewusstsein, das Sie erschuf, erschuf dies

In dieser einfachen Kontemplation kann sich die Illusion der Trennung auflösen. Der Löffel ist nicht getrennt von Gott – er ist eine Manifestation des Göttlichen in Form eines Löffels.

Jeder Moment als Gottesdienst

Wenn Gott überall ist, dann ist jede Handlung potenziell ein Gottesdienst. Nicht nur Beten und Meditieren, sondern auch Kochen, Putzen, Arbeiten, Lieben – alles kann zur heiligen Handlung werden.

Die Zen-Tradition kennt dies als "Samu" – achtsame Arbeit. Ob Teezeremonie oder Gartenpflege, jede Handlung wird mit vollständiger Präsenz und Hingabe ausgeführt. Es gibt keine "spirituellen" und "unspirituellen" Tätigkeiten – es gibt nur Präsenz oder Abwesenheit.

Transformation alltäglicher Handlungen:

Kochen als Alchemie: Sie verwandeln rohe Zutaten in Nahrung. Mit jedem Schnitt, jedem Rühren können Sie Liebe hineingeben. Das Essen wird zum Liebesbrief an die, die es empfangen.

Putzen als Reinigung: Nicht nur äußerer Schmutz wird entfernt. Mit jedem Wischen können Sie auch innerlich loslassen. Die äußere Ordnung spiegelt und unterstützt die innere.

Gehen als Pilgerschaft: Jeder Gang – zum Briefkasten, zum Supermarkt – kann zur heiligen Reise werden. Mit jedem Schritt berühren Sie die Erde, verbinden Himmel und Erde.

Arbeit als Dienst: Egal was Sie beruflich tun – sehen Sie es als Dienst am Ganzen. Der Busfahrer dient der Mobilität, die Kassiererin der Versorgung, der Manager der Organisation. Alle Räder greifen ineinander im großen Tanz des Lebens.

Die Heiligkeit des Gewöhnlichen

Das größte Wunder ist nicht das Außergewöhnliche, sondern das Gewöhnliche selbst. Dass überhaupt etwas ist statt nichts. Dass Sie atmen, denken, fühlen können. Dass die Sonne jeden Morgen aufgeht. Dass Wasser Ihren Durst löscht.

Wir sind so gewöhnt an diese Wunder, dass wir sie übersehen. Wir suchen nach spektakulären spirituellen

Erfahrungen und verpassen die stille Ekstase des Alltäglichen.

Übung: Das Staunen kultivieren

Wählen Sie eine Woche lang jeden Tag ein "Wunder des Alltags":

- Montag: Das Wunder des Sehens
- Dienstag: Das Wunder des Atmens
- Mittwoch: Das Wunder des Wassers
- Donnerstag: Das Wunder der Sprache
- Freitag: Das Wunder der Bewegung
- Samstag: Das Wunder der Nahrung
- Sonntag: Das Wunder der Liebe

Kontemplieren Sie den ganzen Tag über Ihr gewähltes Wunder. Lassen Sie sich davon erstaunen. Teilen Sie Ihre Entdeckungen mit anderen. Das Staunen ist ansteckend.

9.2 Spiritualität ohne Weltflucht

Integration statt Isolation

Viele spirituelle Traditionen betonen Rückzug und Entsagung. Das Kloster, die Höhle, der Ashram – Orte, wo man der Welt entfliehen kann, um Gott zu finden. Diese Wege haben ihren Wert, aber sie bergen auch eine Gefahr: die spirituelle Flucht.

Was nützt die Erleuchtung in der Höhle, wenn sie im Marktplatz verloren geht? Was bringt der Frieden des Klosters, wenn er in der Familie zerbricht? Wahre

Spiritualität muss sich im Leben bewähren, nicht davon wegführen.

Die neue Spiritualität, die unsere Zeit braucht, ist eine integrale Spiritualität. Sie flieht nicht die Welt, sondern durchdringt sie. Sie lehnt nicht das Menschliche ab, sondern heiligt es. Sie strebt nicht nur nach oben, sondern bringt das Oben nach unten.

Die Fallen der Weltflucht:

Spiritueller Materialismus: Die Anhäufung spiritueller Erfahrungen als neues Ego-Projekt

Bypass des Menschlichen: Vermeidung von Gefühlen, Beziehungen, Verantwortung

Elitäres Denken: "Ich bin spirituell, die anderen sind verloren"

Realitätsverlust: Unfähigkeit, im praktischen Leben zu funktionieren

Spirituelle Abhängigkeit: Sucht nach besonderen Zuständen

Die wahre Prüfung der Spiritualität ist nicht, wie lange Sie meditieren können, sondern wie präsent Sie beim Geschirrspülen sind. Nicht, wie viele Retreats Sie besucht haben, sondern wie liebevoll Sie mit Ihrem schwierigen Nachbarn umgehen.

Der Marktplatz als Kloster

Eine Zen-Geschichte erzählt von einem Mönch, der nach Jahren der Abgeschiedenheit seinen Meister fragt: "Ich habe Erleuchtung erlangt. Was jetzt?" Der Meister antwortet: "Jetzt geh auf den Marktplatz."

Der Marktplatz – laut, chaotisch, voller Versuchungen und Ablenkungen – ist der wahre Test. Hier, inmitten des Lebens, muss sich zeigen, ob die Erkenntnis trägt.

Für uns moderne Menschen ist der "Marktplatz" unser Alltag:

- Das Großraumbüro mit seinen Intrigen
- Die überfüllte U-Bahn zur Rushhour
- Der Supermarkt am Samstagmorgen
- Das Familienfest mit schwierigen Verwandten
- Die sozialen Medien mit ihrem Lärm

Können wir hier präsent bleiben? Können wir hier das Heilige sehen? Können wir hier aus unserer Mitte handeln?

Praktiken für den modernen Marktplatz:

Die Warteschlangen-Meditation: Statt sich zu ärgern, nutzen Sie Wartezeiten zur Präsenz. Spüren Sie Ihre Füße, Ihren Atem. Sehen Sie die anderen Wartenden als Mitpraktizierende.

Die E-Mail-Kontemplation: Bevor Sie eine E-Mail öffnen: ein bewusster Atemzug. Beim Schreiben: Kann ich Klarheit und Freundlichkeit hineinlegen?

Die Verkehrs-Sangha: Im Stau sind Sie Teil einer unfreiwilligen Gemeinschaft. Senden Sie liebende Güte an alle Fahrer. Erkennen Sie: Alle wollen nur irgendwo hin, genau wie Sie.

Die Konsum-Achtsamkeit: Beim Einkaufen: Brauche ich das wirklich? Woher kommt es? Wer hat es gemacht? Kann ich mit Dankbarkeit kaufen statt aus Gier?

Erwachen im Leben

Das ultimative Ziel ist nicht, ein erleuchteter Eremit zu werden, sondern ein erwachter Mensch im Leben. Jemand, der Familie hat und trotzdem frei ist. Der arbeitet und trotzdem nicht versklavt ist. Der in der Welt lebt und trotzdem nicht von ihr ist.

Dieses "in der Welt, aber nicht von der Welt sein" ist die hohe Kunst. Es bedeutet:

- Teilnehmen ohne anzuhaften
- Handeln ohne Ego
- Besitzen ohne Gier
- Genießen ohne Abhängigkeit
- Lieben ohne zu klammern

Die Zeichen des erwachten Lebens:

Mühelosigkeit: Das Leben fließt. Nicht ohne Herausforderungen, aber ohne inneren Widerstand.

Freude: Eine grundlose Freude am Sein selbst, unabhängig von Umständen.

Dienst: Das natürliche Überfließen der Fülle in den Dienst am Ganzen.

Präsenz: Vollständig hier, jetzt, in diesem Moment.

Liebe: Ein offenes Herz, das niemanden ausschließt.

Diese Qualitäten sind nicht das Resultat von Anstrengung, sondern von Loslassen. Wenn wir aufhören, das Leben zu bekämpfen, beginnt es durch uns zu fließen. Wenn wir aufhören, Erleuchtung woanders zu suchen, finden wir sie hier.

9.3 Der revolutionäre Ansatz der säkularen Mystik

Spiritualität für das 21. Jahrhundert

Wir leben in einer einzigartigen Zeit. Zum ersten Mal in der Geschichte haben wir Zugang zu allen spirituellen Traditionen der Welt. Gleichzeitig leben viele in einer säkularen Kultur, die traditionelle religiöse Formen ablehnt. Wie können wir die Essenz der Mystik bewahren, ohne in überholten Formen zu erstarren?

Die säkulare Mystik ist eine Antwort auf diese Herausforderung. Sie extrahiert die universellen Wahrheiten aus den kulturellen Verpackungen. Sie spricht die Sprache unserer Zeit, ohne die zeitlose Weisheit zu verwässern.

Säkulare Mystik bedeutet nicht, Gott zu leugnen. Es bedeutet, das Göttliche jenseits von Dogmen und Institutionen zu erfahren. Es bedeutet, direkte Erfahrung über Glauben zu stellen. Es bedeutet, die Mystik aus den Klöstern in den Alltag zu holen.

Charakteristika säkularer Mystik:

- Erfahrungsbasiert statt glaubensbasiert
- Inklusiv statt exklusiv
- Praktisch statt theoretisch
- Wissenschaftlich informiert
- Kulturell angepasst
- Individuell und gemeinschaftlich

Diese Form der Spiritualität spricht Menschen an, die hungrig nach Tiefe sind, aber allergisch gegen Dogmen. Die das Heilige suchen, aber nicht in vorgegebenen Formen. Die erwachen wollen, aber in ihrem Leben, nicht davon weg.

Jenseits religiöser Formen

Jede Religion begann mit einer mystischen Erfahrung. Buddha unter dem Bodhi-Baum. Moses vor dem brennenden Busch. Jesus in der Wüste. Mohammed in der Höhle. Aus diesen direkten Erfahrungen entstanden

Lehren, aus Lehren Institutionen, aus Institutionen oft Erstarrung.

Die säkulare Mystik geht zurück zur Quelle – zur direkten Erfahrung. Sie ehrt alle Traditionen, ist aber an keine gebunden. Sie erkennt: Die Finger, die auf den Mond zeigen, sind verschieden, aber der Mond ist derselbe.

Universelle mystische Erfahrungen:

- Die Auflösung der Ich-Grenzen
- Das Gefühl der Einheit mit allem
- Die Erfahrung zeitloser Präsenz
- Die Erkenntnis der eigenen wahren Natur
- Das Durchbrechen der Subjekt-Objekt-Trennung
- Die direkte Gewissheit des Heiligen

Diese Erfahrungen sind transkulturell. Ein christlicher Mystiker, ein Sufi, ein Buddhist mögen verschiedene Worte verwenden, aber sie zeigen auf dieselbe Wirklichkeit.

Die universelle Essenz

Was ist diese universelle Essenz, die alle authentischen spirituellen Wege teilen?

Die Philosophia Perennis – die ewige Philosophie:

1. **Es gibt eine absolute Wirklichkeit** – nenne sie Gott, Brahman, Tao, Dharmakaya

2. **Diese Wirklichkeit ist sowohl transzendent als auch immanent**

3. **Menschen können diese Wirklichkeit direkt erfahren**

4. **Diese Erfahrung transformiert fundamental**

5. **Das Ziel des Lebens ist diese Verwirklichung**

6. **Liebe und Mitgefühl sind natürliche Folgen**

7. **Alle Wesen sind in ihrer Essenz eins**

Diese Prinzipien finden sich in allen großen Weisheitstraditionen. Sie sind der gemeinsame Kern, die Essenz, das Herz der Sache.

Die säkulare Mystik macht diese Essenz zugänglich ohne kulturelle oder religiöse Voraussetzungen. Sie übersetzt die alten Wahrheiten in eine Sprache, die moderne Menschen verstehen und leben können.

9.4 Praktiken für den heiligen Alltag

Achtsames Arbeiten

Für die meisten Menschen nimmt Arbeit einen Großteil des Lebens ein. Wenn Arbeit nur ein notwendiges Übel ist, etwas, das man hinter sich bringen muss, um dann "wirklich" zu leben, verschwenden wir einen Großteil unseres Lebens.

Aber Arbeit kann zur spirituellen Praxis werden. Nicht durch das, was wir tun, sondern durch wie wir es tun.

Jede Arbeit, egal wie gewöhnlich, kann mit Präsenz, Hingabe und Liebe getan werden.

Die Transformation der Arbeit:

Intention setzen: Beginnen Sie den Arbeitstag mit einer klaren Intention. "Möge meine Arbeit heute dem Wohl aller dienen."

Achtsame Übergänge: Nutzen Sie Übergänge – der Weg zum Kopierer, der Gang zur Toilette – als Momente der Rückbesinnung.

Die Pomodoro-Meditation: 25 Minuten fokussierte Arbeit, 5 Minuten Pause. In der Pause: Dehnen, atmen, präsent werden.

Kollegen als Sangha: Sehen Sie Kollegen als Mitreisende. Jeder kämpft seine Kämpfe. Können Sie Mitgefühl statt Konkurrenz kultivieren?

Feierabend-Ritual: Ein bewusster Abschluss. Dankbarkeit für den Tag. Loslassen der Arbeit. Übergang in den Feierabend.

Die Gaben verschiedener Berufe:

Jeder Beruf hat seine eigenen spirituellen Lektionen:

- Führungskräfte lernen selbstloses Dienen
- Künstler lernen Hingabe an den Prozess
- Handwerker lernen Präzision und Geduld
- Lehrer lernen endlose Geduld
- Pflegende lernen Mitgefühl

- Verkäufer lernen echte Verbindung

Fragen Sie sich: Was ist die spirituelle Lektion meiner Arbeit? Was will durch diese Tätigkeit in mir entwickelt werden?

Spiritualität in der Familie

Familie ist das intensivste spirituelle Trainingscamp. Hier werden all unsere Muster getriggert, all unsere Schatten aktiviert. Hier können wir nicht fliehen, müssen aushalten, durcharbeiten, lieben lernen.

Gleichzeitig bietet Familie einzigartige Gelegenheiten:

- Bedingungslose Liebe üben
- Geduld entwickeln
- Ego-Losigkeit lernen
- Präsenz kultivieren
- Vergebung praktizieren

Heilige Familienmomente:

Das gemeinsame Mahl: Nicht nebenbei essen, sondern gemeinsam. Dankbarkeit teilen. Präsent sein. Das Brechen des Brotes als Kommunion.

Gute-Nacht-Rituale: Mit Kindern: Geschichte, Gebet/Meditation, Segen. Ein bewusster Übergang in die Nacht.

Konflikt-Transformation: Wenn Streit entsteht: Pause. Atmen. "Was will hier geheilt werden?" Konflikte als Wachstumschancen.

Generationen-Heilung: Erkennen Sie Familienmuster. Was wurde weitergegeben? Was können Sie heilen und nicht weitergeben?

Feiern der Übergänge: Geburtstage, Schulanfang, Pubertät – bewusst als Initiationen gestalten.

Die Transformation des Gewöhnlichen

Jede gewöhnliche Handlung kann zum Tor werden:

Essen als Kommunion:

- Sehen Sie die Nahrung wirklich
- Denken Sie an alle, die dazu beigetragen haben
- Essen Sie den ersten Bissen in Stille
- Schmecken Sie wirklich
- Dankbarkeit für die Fülle

Duschen als Reinigung:

- Nicht nur körperlicher Schmutz
- Lassen Sie auch mental/emotional los
- Das Wasser als Segen
- Neugeburt mit jedem Duschen

Autofahren als Meditation:

- Präsent bei jeder Bewegung
- Der Atem als Anker
- Liebende Güte für alle Verkehrsteilnehmer

- Das Auto als Erweiterung des Körpers
- Ankommen ist nicht das Ziel – Fahren ist die Praxis

Schlafengehen als kleiner Tod:

- Loslassen des Tages
- Vergebung für sich und andere
- Hingabe an das Unbekannte
- Vertrauen in das Erwachen
- Jede Nacht eine Übung für den großen Übergang

Das Heilige ist hier

Am Ende dieses Kapitels kommen wir zu einer einfachen, revolutionären Wahrheit: Das Heilige ist nicht woanders. Es ist hier. Nicht morgen. Jetzt. Nicht unter besonderen Umständen. In diesem Moment.

Diese Erkenntnis verändert alles. Sie müssen nicht mehr auf die perfekten Bedingungen warten. Sie müssen nicht erst erleuchtet werden, um das Göttliche zu erfahren. Sie müssen nur die Augen öffnen – die inneren Augen – und sehen, was immer schon da war.

Meister Eckhart sagte: "Gott ist zuhause. Wir sind in der Fremde." Die spirituelle Reise ist keine Reise zu einem fernen Ziel. Es ist das Erwachen zu dem, wo wir immer schon waren.

Ihr Alltag wartet darauf, als das erkannt zu werden, was er ist: ein Tanz des Göttlichen. Jede Handlung eine Geste Gottes. Jeder Moment eine Perle auf der Kette der Ewigkeit. Jeder Atemzug ein Halleluja.

Die Revolution der Alltäglichkeit des Heiligen ist still. Sie macht keine Schlagzeilen. Sie geschieht in Küchen und Büros, in Bussen und Schlafzimmern. Sie geschieht, wenn ein Mensch aufwacht und erkennt: Hier ist heiliger Boden. Jetzt ist die heilige Zeit. Dies ist der heilige Moment.

Und in dieser Erkenntnis liegt die Erlösung der Welt. Nicht durch große Taten oder spektakuläre Wunder. Sondern dadurch, dass immer mehr Menschen das Wunder des Gewöhnlichen erkennen und ehren.

Das Heilige wartet. In Ihrer Kaffeetasse. In Ihrem nächsten Atemzug. In den Augen des Menschen, der Ihnen gegenübersitzt. Werden Sie es sehen?

TEIL IV: DIE VERWIRKLICHUNG

Kapitel 10: Jenseits von Konzepten - Die direkte Erfahrung

Im Zen-Kloster Eiheiji in Japan sitzt ein junger Mönch vor seinem Meister. Nach Jahren des Studiums, nachdem er alle wichtigen Sutren auswendig gelernt und unzählige

Kommentare gelesen hat, ist er gekommen, um seine Gelehrsamkeit zu demonstrieren.

"Meister", beginnt er, "ich habe die Lehre von der Leerheit studiert. Ich verstehe, dass alle Phänomene ohne inhärente Existenz sind, dass Form Leerheit ist und Leerheit Form. Ich kann die Vier Edlen Wahrheiten erklären, den Achtfachen Pfad, die Zwölf Glieder des Entstehens in Abhängigkeit..."

Der Meister hebt die Hand. Stille. Dann nimmt er seine Teeschale und wirft sie dem Schüler zu. Instinktiv fängt der Schüler sie auf.

"Was war das?", fragt der Meister.

"Eine Teeschale", antwortet der Schüler verwirrt.

"Nein", sagt der Meister. "Das war die Lehre. Alles andere waren nur Worte."

In diesem Moment zerbrechen Jahre des konzeptuellen Studiums. Der Schüler erkennt: Er hat die Speisekarte studiert, aber nie gegessen. Er kennt alle Worte über Wasser, aber seinen Durst hat er nie gestillt. Die direkte Erfahrung – das Fangen der Schale, ohne nachzudenken – das ist die wahre Lehre.

Er verbeugt sich tief. Zum ersten Mal versteht er wirklich. Oder besser: Er hört auf zu versuchen zu verstehen und beginnt zu sein.

10.1 Die Grenzen der Sprache in der Spiritualität

Worte als Wegweiser, nicht als Ziel

Sprache ist ein wunderbares Werkzeug. Sie erlaubt uns zu kommunizieren, zu lehren, zu inspirieren. Aber in der Spiritualität stoßen wir an ihre Grenzen. Wie können Worte das Wortlose ausdrücken? Wie kann das Begrenzte das Unbegrenzte fassen?

Alle großen spirituellen Lehrer kämpften mit diesem Paradox. Buddha schwieg zunächst nach seiner Erleuchtung, weil er wusste: Was er erfahren hatte, konnte nicht in Worte gefasst werden. Laotse begann das Tao Te Ching mit: "Das Tao, das benannt werden kann, ist nicht das ewige Tao."

Worte in der Spiritualität sind wie Finger, die auf den Mond zeigen. Wichtig ist nicht der Finger, sondern der Mond. Aber wie oft verwechseln wir beides! Wir studieren den Finger, analysieren seine Form, streiten über die beste Zeigetechnik – und vergessen, zum Mond aufzuschauen.

Die Fallen der spirituellen Sprache:

Konzeptuelle Gefangenschaft: Wir sammeln spirituelle Konzepte wie Trophäen, aber sie transformieren uns nicht.

Die Illusion des Verstehens: Wir glauben, etwas zu "wissen", weil wir die Worte kennen.

Spiritueller Jargon: Wir verstecken uns hinter heilig klingenden Phrasen statt authentisch zu sein.

Dogmatische Erstarrung: Lebendige Einsichten werden zu toten Regeln.

Intellektuelle Arroganz: Wir debattieren über Erleuchtung statt sie zu verwirklichen.

Die Landkarte ist nicht das Gebiet

Alfred Korzybski prägte diesen Satz, und er ist nirgends relevanter als in der Spiritualität. Die elaborierteste theologische Abhandlung ist zur direkten Gotteserfahrung wie eine Landkarte zu einer echten Bergwanderung.

Die Landkarte hat ihren Wert – sie kann uns orientieren, vor Gefahren warnen, Wege aufzeigen. Aber die Landkarte zu studieren ist nicht dasselbe wie den Berg zu besteigen. Der Schweiß, die Anstrengung, die Aussicht vom Gipfel – all das steht nicht auf der Karte.

Übung: Von der Karte zum Gebiet

Wählen Sie ein spirituelles Konzept, das Sie gut "kennen" – zum Beispiel "Leerheit" oder "Liebe" oder "Präsenz". Dann:

1. Schreiben Sie alles auf, was Sie darüber wissen
2. Legen Sie das Geschriebene beiseite
3. Setzen Sie sich in Stille
4. Lassen Sie das Konzept los
5. Öffnen Sie sich für die direkte Erfahrung
6. Was bleibt, wenn alle Worte verschwunden sind?

Diese Übung kann erschütternd sein. Oft entdecken wir: Wir wussten viel über die Sache, aber die Sache selbst kannten wir kaum.

Schweigen als höchste Lehre

In vielen Traditionen gilt Schweigen als die höchste Form der Lehre. Der Buddha hielt einmal eine ganze Lehrrede, indem er nur eine Blume hochhielt und schwieg. Nur Mahakasyapa verstand und lächelte – die Übertragung jenseits der Worte.

Ramana Maharshi saß oft stundenlang in Schweigen mit seinen Schülern. Gefragt, warum er nicht mehr lehre, antwortete er: "Schweigen ist die wahre spirituelle Lehre. Es ist der perfekte Upadesa [Unterweisung]. Es ist nur für den unreifen Geist, dass andere Lehrmethoden notwendig sind."

Die Kraft des Schweigens:

- Es stoppt den konzeptuellen Verstand
- Es öffnet einen Raum jenseits der Dualität
- Es erlaubt direkte Übertragung
- Es führt nach innen statt nach außen
- Es ist die Sprache des Seins selbst

Praxis: Die Schweige-Meditation

Vereinbaren Sie mit einem Partner oder einer Gruppe:

1. 30 Minuten gemeinsames Schweigen

2. Kein Augenkontakt vermeiden, aber auch nicht suchen
3. Einfach zusammen in Stille sein
4. Bemerken Sie: Was wird ohne Worte kommuniziert?
5. Nach der Zeit: Kein sofortiges Sprechen. Langsamer Übergang

Viele berichten, dass in solchen Schweige-Räumen tiefere Kommunikation stattfindet als in stundenlangen Gesprächen.

10.2 Neue Wege des Ausdrucks spiritueller Erfahrung

Poesie der Verwirklichung

Wenn normale Sprache versagt, wenden sich Mystiker oft zur Poesie. Poesie kann andeuten, was Prosa nicht sagen kann. Sie kann durch Bilder, Rhythmus und Metaphern eine Ahnung des Unsagbaren vermitteln.

Rumi tanzte und dichtete seine Ekstase. Hafiz sang von der Trunkenheit Gottes. Die Zen-Meister schufen Haikus, die in drei Zeilen die Essenz einfingen. Die christlichen Mystiker schrieben Liebesgedichte an Gott.

Warum Poesie?

- Sie arbeitet mit Bildern, nicht mit Konzepten
- Sie lässt Raum für Mehrdeutigkeit
- Sie spricht das Herz an, nicht nur den Verstand

- Sie kann Paradoxe halten
- Sie öffnet statt zu definieren

Ihre eigene mystische Poesie:

Versuchen Sie, Ihre spirituellen Erfahrungen poetisch auszudrücken:

1. Nach der Meditation, nehmen Sie Stift und Papier
2. Schreiben Sie ohne nachzudenken
3. Lassen Sie Bilder kommen, keine Erklärungen
4. Kümmern Sie sich nicht um Form oder Reim
5. Lassen Sie die Erfahrung durch Sie sprechen

Beispiel eines spontanen mystischen Gedichts:

Stille tropft von unsichtbaren Blättern

Ich trinke aus der Schale die kein Töpfer formte

Heimkehr in ein Land das ich nie verließ

Kunst als spiritueller Ausdruck

Wo Worte enden, kann Kunst beginnen. Farbe, Form, Klang, Bewegung – all das kann ausdrücken, was sich der verbalen Sprache entzieht. Nicht umsonst haben alle spirituellen Traditionen ihre heilige Kunst entwickelt.

Die Ikonen der Ostkirche sind nicht nur Bilder – sie sind Fenster in die göttliche Welt. Die Mandalas des tibetischen Buddhismus sind visuelle Meditationen. Die Kalligraphie des Zen ist Meditation in Bewegung. Der Sufi-Tanz ist verkörperte Ekstase.

Kunst als spirituelle Praxis:

Malen aus der Stille: Meditieren Sie, dann malen Sie ohne Plan. Lassen Sie die Hand sich bewegen. Was entsteht?

Heiliger Tanz: Bewegen Sie sich zur Musik, aber nicht aus dem Ego. Lassen Sie sich tanzen.

Klang-Meditation: Tönen Sie, summen Sie, singen Sie – nicht Worte, nur Klang. Wo führt es Sie hin?

Naturkunst: Arrangieren Sie Steine, Blätter, Blumen. Vergängliche Kunst als Meditation über Vergänglichkeit.

Die entstehende Kunst ist nicht das Ziel. Der Prozess ist die Praxis. Im schöpferischen Akt können wir die Schöpferkraft selbst berühren.

Die Kreativität des Erwachens

Erwachen macht kreativ. Wenn die Blockaden fallen, beginnt die Lebensenergie frei zu fließen. Viele berichten, dass nach spirituellen Durchbrüchen eine Welle von Kreativität folgt.

Diese Kreativität ist nicht auf traditionelle Kunst beschränkt. Sie kann sich ausdrücken als:

- Neue Weisen zu leben
- Innovative Lösungen für alte Probleme

- Spontane Güte und Mitgefühl
- Spielerischer Umgang mit dem Leben
- Die Kunst, jeden Moment neu zu sehen

Die Quelle der Kreativität:

Wahre Kreativität kommt nicht aus dem Ego, das originell sein will. Sie kommt aus der Verbindung zur Quelle, zum universellen Bewusstsein. Wenn das kleine Ich aus dem Weg tritt, kann das große Selbst durch uns schaffen.

Praktisch bedeutet das:

1. Loslassen der Kontrolle
2. Vertrauen in den Prozess
3. Spielerisch statt ernsthaft
4. Präsent im Moment
5. Offen für das Unerwartete

10.3 Die Kunst des direkten Erkennens

Unmittelbarkeit der Erfahrung

Es gibt eine Art des Wissens, die nicht durch den Verstand geht. Ein direktes, unmittelbares Erkennen. Sie kennen es: Der Moment, wo Sie "einfach wissen", ohne zu wissen, woher Sie es wissen. Die Intuition, die sich als richtig erweist. Das Gefühl im Bauch, das Sie warnt oder ermutigt.

Diese direkte Erkenntnis ist in spirituellen Belangen essentiell. Die Natur Ihres wahren Selbst kann nicht erdacht werden – sie muss direkt erkannt werden. Gott kann nicht bewiesen werden – Er/Sie/Es muss erfahren werden.

Wege zur direkten Erkenntnis:

Selbsterforschung: Die Frage "Wer bin ich?" nicht intellektuell beantworten, sondern als lebendige Untersuchung.

Kontemplation: Ein spirituelles Paradox tief in sich sinken lassen, bis es sich von selbst öffnet.

Transmission: In Gegenwart eines Erwachten kann direkte Übertragung geschehen.

Gnade: Manchmal geschieht Erkenntnis einfach, ohne unser Zutun.

Krise: In Extremsituationen fällt oft der konzeptuelle Schleier.

Intuition als Erkenntnisweg

Intuition ist das Wissen des Herzens, des Bauches, des ganzen Wesens. Sie ist schneller als der Verstand, umfassender, oft weiser. In unserer kopflastigen Kultur haben wir verlernt, ihr zu vertrauen.

Intuition ist wie ein Muskel – sie wird stärker durch Gebrauch. Je mehr wir ihr folgen, desto klarer wird sie. Je mehr wir sie ignorieren, desto leiser wird ihre Stimme.

Intuition kultivieren:

1. **Raum schaffen:** Intuition braucht Stille. In der Geschäftigkeit ist sie schwer zu hören.

2. **Körper einbeziehen:** Intuition spricht oft durch Körperempfindungen.

3. **Erste Impulse beachten:** Der erste Impuls ist oft der intuitive, bevor der Verstand eingreift.

4. **Üben mit Kleinem:** Welchen Weg nehmen? Was essen? Klein anfangen.

5. **Vertrauen aufbauen:** Notieren Sie intuitive Eingebungen und ihre Resultate.

Die Intuitions-Übung:

Stellen Sie sich eine Frage. Dann:

- Werden Sie still
- Spüren Sie in Ihren Körper
- Welche Antwort kommt spontan?
- Kein Analysieren – nur empfangen
- Vertrauen Sie dem ersten Impuls

Mit der Zeit entwickeln Sie ein Gefühl für den Unterschied zwischen echter Intuition und Wunschdenken oder Angst.

Die Weisheit des Nicht-Wissens

"Ich weiß, dass ich nicht weiß" – Sokrates' berühmte Worte weisen auf eine tiefe spirituelle Wahrheit. Das Eingeständnis des Nicht-Wissens öffnet die Tür zum wahren Wissen.

Der Zen-Meister Suzuki Roshi sprach vom "Anfängergeist" – dem Geist, der offen ist, weil er nicht glaubt, schon zu wissen. "Im Anfängergeist gibt es viele Möglichkeiten, im Expertengeist nur wenige."

Die Praxis des Nicht-Wissens:

- Lassen Sie vorgefasste Meinungen los
- Seien Sie bereit, überrascht zu werden
- Halten Sie Unsicherheit aus
- Erforschen Sie statt zu erklären
- Staunen Sie statt zu kategorisieren

Dieses Nicht-Wissen ist nicht Ignoranz. Es ist die weise Demut dessen, der erkannt hat: Die Wirklichkeit ist größer als alle unsere Konzepte über sie. Je mehr wir wissen, desto mehr erkennen wir, wie wenig wir wissen.

Der Koan des Nicht-Wissens:

Nehmen Sie eine grundlegende Frage:

- "Was ist Leben?"
- "Was ist Liebe?"
- "Wer bin ich?"

Statt sie zu beantworten, leben Sie mit der Frage. Tragen Sie sie wie einen Koan. Lassen Sie sie in Ihnen arbeiten. Die Frage selbst wird zum Weg.

10.4 Übungen zur direkten Verwirklichung

Selbsterforschung nach Ramana Maharshi

Ramana Maharshi lehrte den direktesten Weg: Die Frage "Wer bin ich?" Nicht als philosophische Spekulation, sondern als Methode, zur Quelle des Ich-Gedankens zurückzukehren.

Die Praxis:

1. **Setzen Sie sich still**
2. **Wenn ein Gedanke auftaucht, fragen Sie:** "Für wen ist dieser Gedanke?"
3. **Die Antwort wird sein:** "Für mich."
4. **Dann fragen Sie:** "Wer bin ich?"
5. **Folgen Sie nicht den Antworten** ("Ich bin Name/Beruf/etc.")
6. **Gehen Sie zur Quelle** des Ich-Gefühls
7. **Verweilen Sie dort,** wo das Ich entsteht

Diese Praxis führt über alle Identifikationen hinaus zum reinen Sein, zum Selbst, das Sie wirklich sind.

Vertiefung der Selbsterforschung:

- Unterscheiden Sie zwischen dem Beobachter und dem Beobachteten
- Alles, was Sie wahrnehmen können, sind Sie nicht
- Sie sind das, was wahrnimmt
- Aber wer oder was ist das?
- Gehen Sie über alle Objekte hinaus zum reinen Subjekt

Mit beharrlicher Praxis löst sich die Illusion eines getrennten Ich auf. Was bleibt, ist reines Sein-Bewusstsein-Glückseligkeit (Sat-Chit-Ananda).

Die Frage "Wer bin ich?"

Diese eine Frage kann ein Leben lang erforscht werden. Sie ist keine Frage, die eine Antwort sucht, sondern eine, die alle Antworten auflöst.

Ebenen der Erforschung:

Oberflächliche Ebene: Ich bin mein Name, meine Rolle, meine Geschichte.

Psychologische Ebene: Ich bin meine Gedanken, Gefühle, Erinnerungen.

Energetische Ebene: Ich bin Energie, Schwingung, Lebenskraft.

Zeugen-Ebene: Ich bin das, was all dies beobachtet.

Absolute Ebene: Ich bin... (Stille)

Variationen der Frage:

- "Was ist bewusst in diesem Moment?"
- "Was war vor meiner Geburt?"
- "Was bleibt, wenn alles vergeht?"
- "Wer fragt?"

Jede Variation führt zum selben Punkt – zur Quelle, zum Selbst, zum namenlosen Sein.

Kontemplation der Unendlichkeit

Der menschliche Verstand kann die Unendlichkeit nicht fassen, aber unser Wesen kann sie sein. Die Kontemplation der Unendlichkeit sprengt die Grenzen des konzeptuellen Denkens.

Praktische Kontemplationen:

Der unendliche Raum:

- Schauen Sie in den Nachthimmel
- Lassen Sie den Blick in die Tiefe gehen
- Spüren Sie die Unendlichkeit des Raums
- Erkennen Sie: Der gleiche Raum ist in Ihnen
- Sie sind nicht im Raum – der Raum ist in Ihnen

Die ewige Zeit:

- Kontemplieren Sie: Was war vor Ihrer Geburt?
- Was wird nach Ihrem Tod sein?
- Wo ist die Vergangenheit jetzt?
- Wo ist die Zukunft jetzt?
- Finden Sie das zeitlose Jetzt

Das grenzenlose Bewusstsein:

- Wo endet Ihr Bewusstsein?
- Hat es eine Grenze?
- Können Sie den Rand finden?
- Oder ist es wie der Raum – ohne Anfang, ohne Ende?

Diese Kontemplationen können den Verstand zur Ruhe bringen und eine direkte Erfahrung der Unendlichkeit ermöglichen, die Sie sind.

Jenseits aller Konzepte

Am Ende dieses Kapitels – und es ist kein Zufall, dass wir uns dem Ende des Buches nähern – kommen wir an einen Punkt, wo alle Worte versagen müssen. Nicht aus Mangel, sondern aus Fülle. Nicht aus Unwissenheit, sondern aus zu tiefem Wissen.

Die größten Lehrer endeten oft im Schweigen. Nicht weil sie nichts mehr zu sagen hatten, sondern weil sie zur Quelle vorgedrungen waren, wo alle Worte geboren werden und sterben.

Buddha wurde einmal gefragt: "Was ist die höchste Lehre?" Er schwieg. Als der Fragende insistierte, sagte er: "Die höchste Lehre ist, dass es keine höchste Lehre gibt."

Dies ist kein Nihilismus. Es ist die Erkenntnis, dass die Wahrheit lebendig ist, nicht in Konzepte zu fassen. Sie ist das, was Sie sind, nicht etwas, das Sie verstehen können.

Die letzte Übung:

Legen Sie dieses Buch beiseite. Vergessen Sie alles, was Sie gelesen haben. Setzen Sie sich in Stille. Seien Sie einfach.

In diesem Sein, jenseits aller Konzepte, sind Sie zu Hause. Sie waren es immer. Die ganze spirituelle Reise war nur das Erkennen dessen, was nie verloren war.

Willkommen in der Wirklichkeit jenseits der Worte. Willkommen bei sich selbst.

Kapitel 11: Die lebendige Einheit - Integration aller Pfade

Es war beim jährlichen Treffen der Weltreligionen in Assisi. Hunderte von spirituellen Lehrern, Mönchen, Priestern, Rabbis, Imamen, Swamis und Schamanen hatten sich versammelt. Die Atmosphäre war höflich, aber spürbar angespannt. Jeder war überzeugt, seinen Teil der Wahrheit zu vertreten.

Am dritten Tag geschah etwas Unerwartetes. Während einer gemeinsamen Meditation - jeder in seiner eigenen Tradition - begann eine alte Sufi-Meisterin zu weinen. Nicht aus Trauer, sondern aus Überwältigung. Als die Meditation endete, stand sie auf und sprach:

"Ich sah es. In der Stille sah ich es. Wir sitzen hier wie Kinder am Strand, jeder mit seiner eigenen Muschel, und streiten darüber, welche das schönste Meeresrauschen enthält. Aber das Meer... das Meer ist eines!"

Ein buddhistischer Mönch nickte und fügte hinzu: "In der Tiefe meiner Meditation berührte ich dasselbe - die Stille, die alle Mantras gebiert."

Ein christlicher Mystiker erhob sich: "Der Christus in mir erkannte den Buddha in dir, den Allah in ihr, das Brahman in ihm."

Was folgte, war keine theologische Debatte, sondern ein heiliges Schweigen. In diesem Schweigen, jenseits aller Worte und Konzepte, war die Einheit spürbar. Nicht als Idee, sondern als lebendige Realität. Die verschiedenen Wege hatten sich nicht aufgelöst - sie blieben in ihrer Einzigartigkeit. Aber ihre gemeinsame Quelle war offenbar geworden.

Später sagte einer der Teilnehmer: "Ich verstand zum ersten Mal: Es geht nicht darum, dass alle Wege gleich sind. Es geht darum, dass alle authentischen Wege zum selben Gipfel führen - und von dort sieht die Landschaft für alle gleich aus."

11.1 Die Spirale des Erwachens

Ein neues Modell spiritueller Entwicklung

Die traditionelle Vorstellung vom spirituellen Weg ist oft linear: Man beginnt als Suchender und endet als Erleuchteter. Dazwischen liegen Stufen, die man erklimmt wie eine Leiter. Aber diese Vorstellung entspricht nicht der Erfahrung vieler Praktizierender.

Die Spirale des Erwachens ist ein dynamischeres Modell. Stellen Sie sich eine Spirale vor, die sich nach oben windet. Sie kommen immer wieder an ähnliche Punkte, aber jedes Mal eine Ebene höher. Themen wiederholen sich, aber mit größerer Tiefe, Subtilität und Integration.

Die Grundbewegungen der Spirale:

1. **Expansion:** Öffnung, Erweiterung, neue Einsichten
2. **Kontraktion:** Integration, Vertiefung, Verkörperung
3. **Transzendenz:** Hinausgehen über bisherige Grenzen
4. **Inklusion:** Einbeziehen des Transzendenten ins Leben
5. **Neubeginn:** Auf höherer Ebene beginnt der Zyklus neu

Diese Spirale hat kein Ende. Selbst große Meister berichten von fortlaufender Vertiefung. Die Vorstellung eines "Endzustandes" ist selbst nur ein Konzept, das überwunden werden muss.

Zyklen und Spiralen des Wachstums

Spirituelles Wachstum verläuft in Zyklen. Wie die Jahreszeiten in der Natur gibt es Zeiten des Aufblühens und Zeiten des Rückzugs, Zeiten der Klarheit und Zeiten der Verwirrung.

Die spirituellen Jahreszeiten:

Frühling - Das Erwachen:

- Neue Einsichten blühen auf
- Begeisterung und Energie
- Durchbrüche und Öffnungen
- Die Welt erscheint neu

Sommer - Die Fülle:

- Integration der Einsichten
- Stabilität in der Praxis
- Teilen und Lehren
- Früchte der Praxis reifen

Herbst - Die Ernte:

- Unterscheidung: Was dient, was nicht?
- Loslassen des Überflüssigen
- Vertiefung des Wesentlichen
- Vorbereitung auf die Stille

Winter - Die Stille:

- Dunkle Nacht der Seele
- Scheinbare Stagnation
- Untergrundarbeit der Transformation
- Vorbereitung des nächsten Zyklus

Diese Zyklen zu verstehen bringt Gelassenheit. Sie erkennen: Der spirituelle Winter ist kein Rückschritt, sondern notwendige Brache. Der Frühling wird wiederkommen, aber Sie können ihn nicht erzwingen.

Die Dynamik der Transformation

Transformation ist kein sanfter, gradueller Prozess. Sie geschieht oft in Quantensprüngen, mit Phasen der Destabilisierung zwischen den stabilen Zuständen.

Der Transformationsprozess:

1. **Stabilität:** Sie funktionieren gut auf Ihrer aktuellen Ebene
2. **Störung:** Etwas passt nicht mehr, alte Muster greifen nicht
3. **Chaos:** Das Alte funktioniert nicht, das Neue ist noch nicht da
4. **Reorganisation:** Neue Muster entstehen
5. **Neue Stabilität:** Integration auf höherer Ebene

Das Verständnis dieses Prozesses hilft, die chaotischen Phasen zu navigieren. Wenn alles auseinanderzufallen scheint, können Sie sich erinnern: Dies ist Teil des Prozesses. Das Chaos ist der Geburtskanal des Neuen.

Navigation durch Transformationskrisen:

- Widerstand verstärkt das Chaos
- Vertrauen in den Prozess
- Unterstützung suchen
- Selbstfürsorge intensivieren

- Das Alte mit Dankbarkeit verabschieden
- Raum für das Neue halten

11.2 Die 7 Portale der Präsenz

Ein praktisches System zur Verwirklichung

Die 7 Portale der Präsenz sind Zugangswege zur unmittelbaren Erfahrung des Seins. Jedes Portal ist vollständig in sich selbst - durch jedes können Sie zur vollen Verwirklichung gelangen. Zusammen bilden sie ein umfassendes System der Integration.

Portal 1: Der Körper - Das Tor der Empfindung

Der Körper ist immer im Jetzt. Durch bewusste Körperwahrnehmung kommen Sie unmittelbar in die Gegenwart.

Praxis:

- Body-Scan mit voller Präsenz
- Bewegung als Meditation
- Atem als Anker
- Energie spüren und lenken

Verwirklichung: Der Körper als Tempel des Bewusstseins

Portal 2: Das Herz - Das Tor der Liebe

Das Herz kennt eine Intelligenz jenseits des Verstandes. Durch das offene Herz erfahren Sie die Einheit allen Seins.

Praxis:

- Herzmeditation
- Kultivierung von Mitgefühl
- Vergebungsarbeit
- Bedingungslose Liebe

Verwirklichung: Liebe als Grundnatur der Realität

Portal 3: Der Verstand - Das Tor der Weisheit

Der geklärte Verstand wird zum Spiegel, der die Wirklichkeit reflektiert ohne zu verzerren.

Praxis:

- Beobachtung der Gedanken
- Kontemplation
- Selbsterforschung
- Studium der Weisheitslehren

Verwirklichung: Der Verstand als Diener des Bewusstseins

Portal 4: Die Stille - Das Tor der Transzendenz

In der Stille lösen sich alle Begrenzungen auf. Sie erfahren sich als das, was Sie jenseits aller Formen sind.

Praxis:

- Meditation
- Kontemplation
- Naturstille

- Schweige-Retreats

Verwirklichung: Stille als Ihre wahre Natur

Portal 5: Die Beziehung - Das Tor der Spiegelung

Im Anderen erkennen Sie sich selbst. Beziehung wird zum Weg der Bewusstwerdung.

Praxis:

- Bewusste Kommunikation
- Projektionen erkennen
- Intimität kultivieren
- Dienen

Verwirklichung: Der Andere als das eigene Selbst

Portal 6: Die Handlung - Das Tor des Dienens

Durch bewusstes Handeln wird jede Tat zur spirituellen Praxis.

Praxis:

- Karma Yoga
- Achtsame Arbeit
- Selbstloser Dienst
- Wu Wei

Verwirklichung: Handeln ohne Handelnden

Portal 7: Das Leben selbst - Das Tor der Totalität

Das Leben in seiner Gesamtheit wird zur Praxis. Jeder Moment ist heilig.

Praxis:

- Präsenz im Alltag
- Sakralisierung des Gewöhnlichen
- Integration aller Aspekte
- Feiern der Existenz

Verwirklichung: Das Leben als Ausdruck des Göttlichen

Integration aller Dimensionen

Die Meisterschaft liegt nicht darin, ein Portal zu perfektionieren, sondern alle zu integrieren. Ein voll verwirklichter Mensch ist:

- Körperlich geerdet und energetisch lebendig
- Herzlich offen und mitfühlend
- Mental klar und weise
- In der Stille zu Hause
- In Beziehungen authentisch
- Im Handeln selbstlos
- Im Leben präsent

Diese Integration geschieht nicht durch Anstrengung, sondern durch Öffnung. Wenn Sie durch ein Portal tief genug gehen, öffnen sich alle anderen von selbst.

Der ganzheitliche Weg

Der ganzheitliche Weg ehrt alle Aspekte des Menschseins. Er ist:

Inklusiv statt exklusiv: Alle authentischen Wege werden geehrt **Integral statt partiell:** Körper, Geist und Seele werden einbezogen **Dynamisch statt statisch:** Anpassung an individuelle Bedürfnisse **Praktisch statt theoretisch:** Betonung auf Erfahrung **Liebevoll statt streng:** Mitgefühl mit sich selbst und anderen

Dieser Weg erkennt: Verschiedene Menschen brauchen verschiedene Zugänge. Was für einen funktioniert, mag für einen anderen nicht passen. Die Kunst liegt darin, den eigenen einzigartigen Weg zu finden und zu gehen.

11.3 Das erwachte Leben

Erleuchtung im Alltag

Erleuchtung ist kein Zustand, den man erreicht und dann behält. Es ist eine lebendige Qualität, die sich von Moment zu Moment erneuert. Der wahre Test der Verwirklichung ist nicht die Tiefe der Meditation, sondern die Qualität des gelebten Lebens.

Merkmale des erwachten Alltags:

Mühelosigkeit: Nicht Faulheit, sondern Handeln im Fluss *Präsenz:* Vollständig hier, ohne woanders sein zu wollen *Freude:* Grundlose Freude am Sein selbst *Mitgefühl:* Natürliches Mitfühlen mit allen Wesen *Freiheit:* Innerlich frei trotz äußerer Umstände *Dienst:* Spontanes Überfließen in hilfreiches Handeln *Frieden:* Unerschütterlicher Frieden im Zentrum

Diese Qualitäten sind keine Leistungen, sondern natürliche Ausdrücke unserer wahren Natur. Wie die Sonne nicht beschließt zu scheinen, sondern es ihrer Natur entspricht, so strahlen diese Qualitäten natürlich aus dem erwachten Bewusstsein.

Die Freude des Seins

An der Wurzel allen Seins liegt Freude - nicht die aufgeregte Freude über etwas Bestimmtes, sondern die stille Freude des Seins selbst. Diese Freude ist immer zugänglich, wird aber meist von den Dramen des Lebens überlagert.

Zugänge zur Seinsfreude:

Dankbarkeit: Für das Wunder der Existenz *Einfachheit:* Freude an kleinen Dingen *Präsenz:* Voll im Moment sein *Verbundenheit:* Die Einheit mit allem spüren *Akzeptanz:* Ja zum Leben, wie es ist

Diese Freude muss nicht hergestellt werden - sie muss nur entdeckt werden. Sie ist wie die Sonne hinter den Wolken: immer da, manchmal verdeckt, aber nie abwesend.

Übung: Die Freude-Meditation

1. Setzen Sie sich still
2. Erinnern Sie sich an einen Moment reiner Freude
3. Spüren Sie die Qualität dieser Freude

4. Lassen Sie die Erinnerung los, behalten Sie die Freude
5. Erkennen Sie: Diese Freude ist immer in Ihnen
6. Ruhen Sie in dieser grundlosen Freude

Dienen aus der Fülle

Wahres Dienen kommt nicht aus Pflichtgefühl oder dem Wunsch, gut zu sein. Es kommt aus dem natürlichen Überfließen eines erfüllten Herzens. Wie ein Brunnen, der überfließt, nicht um zu geben, sondern weil es seine Natur ist.

Die Qualitäten erwachten Dienens:

- Spontan, nicht geplant
- Freudig, nicht mühsam
- Bedingungslos, ohne Erwartung
- Angemessen, zur richtigen Zeit
- Ganzheitlich, den ganzen Menschen sehend

Dieses Dienen kann viele Formen annehmen:

- Ein Lächeln für einen Fremden
- Geduldiges Zuhören
- Praktische Hilfe
- Lehren und Teilen von Weisheit
- Einfach präsent sein

Das Paradox: Je weniger Sie dienen "müssen", desto mehr dienen Sie natürlich. Je weniger Sie helfen "wollen", desto hilfreicher sind Sie.

11.4 Die fortwährende Vertiefung

Erwachen als Prozess

Erwachen ist kein einmaliges Ereignis, sondern ein fortwährender Prozess. Selbst nach tiefen Verwirklichungen gibt es weitere Ebenen zu entdecken, weitere Schleier zu lüften, weitere Integration zu vollziehen.

Die Ebenen der Vertiefung:

1. **Erstes Erwachen:** Die Illusion des getrennten Selbst wird durchschaut
2. **Stabilisierung:** Das Erwachen wird zur gelebten Erfahrung
3. **Verkörperung:** Die Verwirklichung durchdringt alle Ebenen
4. **Integration:** Schatten und Licht werden umarmt
5. **Reifung:** Weisheit und Mitgefühl vertiefen sich
6. **Ausstrahlung:** Natürliches Übertragen auf andere
7. **Kosmisches Bewusstsein:** Einheit mit dem gesamten Universum

Jede Ebene bringt ihre eigenen Herausforderungen und Gaben. Das Ego kann sich an jeder Stelle wieder einschleichen, subtiler und raffinierter. Wachsamkeit und Demut bleiben lebenslang wichtig.

Die Endlosigkeit der Entfaltung

Je tiefer die Verwirklichung, desto klarer wird: Es gibt kein Ende. Das Mysterium des Seins ist unerschöpflich. Jede Antwort öffnet neue Fragen. Jede Erkenntnis offenbart neue Tiefen.

Dies ist kein Grund zur Entmutigung, sondern zur Freude. Es bedeutet:

- Das Abenteuer endet nie
- Es gibt immer mehr zu entdecken
- Langeweile ist unmöglich
- Demut bleibt erhalten
- Das Staunen wächst

Die Haltung des ewigen Anfängers:

- Offenheit für Neues
- Bereitschaft, Altes loszulassen
- Freude am Nicht-Wissen
- Dankbarkeit für jede Erkenntnis
- Geduld mit dem Prozess

Diese Haltung hält das Erwachen lebendig und frisch. Der Moment, in dem wir glauben, "angekommen" zu sein, ist der Moment, in dem die Erstarrung beginnt.

Demut und Staunen

Je mehr wir wissen, desto mehr erkennen wir die Unermesslichkeit dessen, was wir nicht wissen. Wahre Meister sind oft die demütigsten Menschen - nicht aus falscher Bescheidenheit, sondern aus der direkten Erfahrung der Unendlichkeit.

Diese Demut ist gepaart mit Staunen. Das Staunen eines Kindes, das zum ersten Mal einen Schmetterling sieht - aber mit der Tiefe eines Wesens, das die Unendlichkeit berührt hat.

Praktiken für Demut und Staunen:

Der tägliche Anfängergeist: Jeden Tag so beginnen, als wäre es der erste *Die Verbeugung:* Sich vor dem Mysterium des Lebens verbeugen *Das Nicht-Wissen kultivieren:* "Was weiß ich wirklich?" *Die Wunder-Liste:* Täglich drei Dinge notieren, die Sie erstaunen *Der kosmische Blick:* Die eigene Kleinheit und Größe gleichzeitig sehen

Die Integration aller Wege

Am Ende unserer Erforschung kommen wir zu einer einfachen Erkenntnis: Es gibt nicht viele Wege - es gibt nur einen Weg, der sich in unzähligen Formen ausdrückt. Dieser eine Weg ist der Weg nach Hause, der Weg zu dem, was wir immer waren.

Die verschiedenen spirituellen Traditionen sind wie verschiedene Musikinstrumente, die dieselbe kosmische

Symphonie spielen. Ein Klavier klingt anders als eine Flöte, aber die Musik, die sie spielen, kommt aus derselben Quelle.

In der Tiefe der Verwirklichung verschwinden die Unterschiede nicht - sie werden als verschiedene Ausdrücke derselben Wahrheit geehrt. Der Christ findet Christus, der Buddhist Buddha-Natur, der Hindu Atman - und alle erkennen: Es sind verschiedene Namen für dasselbe namenlose Mysterium.

Die Praxis der Integration:

- Ehren Sie Ihren eigenen Weg
- Respektieren Sie die Wege anderer
- Suchen Sie die gemeinsame Essenz
- Lernen Sie von verschiedenen Traditionen
- Bleiben Sie in Ihrer eigenen Tiefe verwurzelt

Diese Integration ist keine oberflächliche Vermischung, kein spiritueller Cocktail. Es ist das Erkennen der einen Quelle, aus der alle Flüsse fließen. Es ist das Heimkommen zum Herzen, wo alle Wege sich treffen.

Die Spirale des Erwachens führt nicht zu einem fernen Ziel. Sie führt immer tiefer in das, was Sie sind. Mit jeder Windung der Spirale wird klarer: Sie waren nie getrennt. Sie waren immer ganz. Sie waren immer zu Hause.

Die Integration aller Pfade geschieht nicht im Kopf, sondern im Herzen. Nicht durch Studium, sondern durch Sein. Nicht durch Anstrengung, sondern durch Hingabe.

Willkommen in der lebendigen Einheit. Willkommen zu Hause.

Kapitel 12: Der anfangslose Anfang

- Die Rückkehr nach Hause

Es war an einem gewöhnlichen Dienstagmorgen, als Elisabeth erwachte. Nicht aus dem Schlaf – sie war schon seit einer Stunde wach, saß in ihrer Küche, trank Tee und schaute aus dem Fenster. Nein, sie erwachte zu etwas, das sie ihr ganzes Leben lang gesucht hatte, ohne zu wissen, dass sie es bereits war.

Der Auslöser war banal: Ein Vogel landete auf dem Fenstersims, schaute sie an, und flog wieder davon. Aber in diesem Moment fiel etwas in ihr zusammen – oder besser: fiel an seinen richtigen Platz. Die Suchende und das Gesuchte, der Vogel und sie, das Innen und das Außen – alles war plötzlich offensichtlich eins.

Sie lachte. Dann weinte sie. Dann saß sie einfach da, in stummer Verwunderung über die Offensichtlichkeit dessen, was sie die ganze Zeit übersehen hatte. Vierzig Jahre spirituelle Suche, unzählige Bücher, Seminare, Retreats, Lehrer – und die Antwort war die ganze Zeit hier gewesen, näher als ihr eigener Atem.

"Ich habe im ganzen Universum nach mir gesucht", flüsterte sie, "und war die ganze Zeit zu Hause."

Das Paradoxe: Nichts hatte sich geändert. Die Küche war dieselbe, der Tee schmeckte gleich, die Welt draußen ging ihren gewohnten Gang. Und doch war alles vollkommen neu. Oder besser: Sie sah zum ersten Mal, was immer schon war.

In den folgenden Wochen wartete sie darauf, dass diese Erkenntnis wieder verschwinden würde, wie so viele spirituelle Erfahrungen zuvor. Aber diesmal war es anders. Es war keine Erfahrung, die kam und ging. Es war das Erkennen dessen, was niemals kommt oder geht – die zeitlose Präsenz, die sie selbst war.

12.1 Die Paradoxie der Erleuchtung

Nichts zu erreichen, alles zu sein

Das größte Paradox des spirituellen Weges ist dieses: Was wir suchen, sind wir bereits. Wohin wir gehen wollen, sind wir nie nicht gewesen. Was wir werden wollen, waren wir immer schon.

Alle spirituelle Anstrengung zielt darauf ab, uns zu dem zu machen, was wir bereits sind. Alle Praktiken sollen uns dorthin bringen, wo wir bereits sind. Alle Lehren weisen auf das hin, was offensichtlich ist, wenn wir aufhören, woanders zu schauen.

Das Paradox verstehen:

Stellen Sie sich vor, Sie suchen überall Ihre Brille, nur um zu entdecken, dass Sie sie die ganze Zeit auf der Nase trugen. Die Suche war nicht umsonst – sie war notwendig, um zu erkennen, dass keine Suche nötig war. Das Paradox löst sich nicht durch Logik, sondern durch Erkenntnis.

Dieses "Nichts zu erreichen" bedeutet nicht, dass Praxis nutzlos wäre. Die Praxis ist wie das Putzen eines Spiegels. Der Spiegel muss nicht erschaffen werden – er muss nur von dem Staub befreit werden, der seine reflektierende Natur verbirgt.

Das Ziel, das immer schon da war

Wir stellen uns Erleuchtung als fernes Ziel vor, das durch harte Arbeit erreicht werden muss. Aber was, wenn Erleuchtung kein Ziel ist, sondern unser natürlicher Zustand? Was, wenn wir nicht erleuchtet werden müssen, sondern nur erkennen müssen, dass wir es bereits sind?

Diese Erkenntnis kann erschütternd sein. Jahre der Anstrengung, und dann die Entdeckung: Es war umsonst. Oder war es das? Die Anstrengung war nötig, um zu erkennen, dass keine Anstrengung nötig ist. Der Weg war nötig, um zu erkennen, dass es keinen Weg gibt.

Die Geschichte vom zehnten Ochsen:

In der Zen-Tradition gibt es die Geschichte von den zehn Ochsenbildern, die den spirituellen Weg darstellen. Das letzte Bild zeigt den Suchenden, wie er auf den Marktplatz zurückkehrt – genau dorthin, wo er begonnen hat. Aber er ist nicht derselbe. Er hat nichts gewonnen, aber alles verloren, was im Weg stand.

Die Einfachheit des Erwachens

Erwachen ist erschreckend einfach. So einfach, dass der komplizierte Verstand es übersieht. Er sucht nach etwas Besonderem, Spektakulärem, Anderem. Aber Erwachen ist die Erkenntnis des Gewöhnlichen als außergewöhnlich.

Was Erwachen NICHT ist:

- Ein besonderer Zustand
- Eine außergewöhnliche Erfahrung
- Etwas, das man bekommt
- Ein Privileg für Wenige
- Das Ende aller Probleme

Was Erwachen IST:

- Das Erkennen dessen, was immer war
- Die Natürlichkeit des Seins selbst
- Das Ende der Suche
- Unser Geburtsrecht
- Der Anfang wirklichen Lebens

Diese Einfachheit ist für das Ego eine Beleidigung. Es will etwas Besonderes sein, etwas Besonderes erreichen. Aber Erwachen ist das Ende der Besonderheit. Es ist das Erkennen des Gewöhnlichen als heilig.

12.2 Praktische Wegweiser für die weitere Reise

Fallen und Sackgassen vermeiden

Auch nach tiefen Erkenntnissen gibt es Fallen auf dem Weg. Das Ego ist erfinderisch und kann sich an jede neue Ebene anpassen. Hier die häufigsten Fallen und wie man sie vermeidet:

Die "Ich bin erleuchtet"-Falle:

- Das Ego eignet sich die Erkenntnis an
- Überheblichkeit und Arroganz entstehen
- *Gegenmittel:* Demut, fortgesetzte Praxis, ehrliches Feedback

Die "Nichts matters"-Falle:

- Missverstandene Nicht-Dualität führt zu Nihilismus
- Verantwortungslosigkeit im Namen der Erleuchtung
- *Gegenmittel:* Integration, verkörperte Spiritualität, Mitgefühl

Die "Ich brauche nichts mehr"-Falle:

- Ablehnung von Lehrern, Gemeinschaft, Praxis
- Isolation und Stagnation
- *Gegenmittel:* Anfängergeist, Offenheit für Vertiefung

Die "Alles ist Illusion"-Falle:

- Spirituelles Bypassing von menschlichen Themen
- Verleugnung von Gefühlen und Bedürfnissen

- *Gegenmittel:* Schattenarbeit, Therapie, Ehrlichkeit

Die "Ich muss andere erwecken"-Falle:

- Missionarischer Eifer
- Ungebetene spirituelle Belehrungen
- *Gegenmittel:* Leben statt predigen, Respekt für andere Wege

Die Bedeutung der Sangha

Sangha – die spirituelle Gemeinschaft – ist einer der drei Juwelen des Buddhismus (neben Buddha und Dharma). Auch nach dem Erwachen bleibt Gemeinschaft wichtig, vielleicht wichtiger denn je.

Warum Sangha wichtig bleibt:

Spiegel und Feedback: Andere sehen unsere blinden Flecken *Unterstützung:* In schwierigen Phasen *Inspiration:* Durch das Beispiel anderer *Erdung:* Schutz vor spiritueller Inflation *Dienst:* Möglichkeit zu geben und zu empfangen *Freude:* Geteilte Freude ist doppelte Freude

Arten von Sangha:

- Formelle spirituelle Gruppen
- Informelle Treffen von Praktizierenden
- Online-Gemeinschaften
- Spirituelle Freundschaften
- Lehrer-Schüler-Beziehungen

- Die ganze Menschheit als Sangha

Die Qualität der Sangha ist wichtiger als die Form. Suchen Sie Menschen, die:

- Authentisch auf dem Weg sind
- Sie unterstützen ohne zu urteilen
- Sie herausfordern ohne zu verletzen
- Mit Ihnen lachen und weinen können
- Die Stille teilen können

Kontinuierliche Praxis

"Nach der Erleuchtung: Wäsche waschen und Wasser tragen" – dieses Zen-Sprichwort weist auf eine wichtige Wahrheit: Die Praxis endet nie. Sie verändert sich, wird natürlicher, müheloser, aber sie bleibt.

Die Praxis nach dem Erwachen:

Von Disziplin zu Hingabe: Praxis wird zur Freude, nicht zur Pflicht *Von Technik zu Sein:* Weniger Methode, mehr Präsenz *Von formal zu integral:* Das ganze Leben wird zur Praxis *Von Anstrengung zu Mühelosigkeit:* Natürliches Fließen *Von Suchen zu Feiern:* Dankbarkeit statt Streben

Elemente kontinuierlicher Praxis:

- Tägliche Stille (formell odcr informell)
- Körperliche Praxis (Yoga, Qigong, Wandern)
- Studium (nicht zum Wissen, sondern zur Vertiefung)

- Seva (selbstloser Dienst)
- Kreativität (als Ausdruck des Erwachens)
- Beziehung (als fortgesetzte Praxis)

Die Form der Praxis ist weniger wichtig als die Kontinuität. Wie ein Feuer, das ständig genährt werden muss, braucht das Erwachen die fortgesetzte Aufmerksamkeit.

12.3 Die Rückkehr zum Ursprung

Der Kreis schließt sich

T.S. Eliot schrieb: "Wir werden nicht aufhören zu erforschen, und das Ende all unserer Erforschung wird sein, dort anzukommen, wo wir begonnen haben, und den Ort zum ersten Mal zu kennen."

Dies beschreibt perfekt die spirituelle Reise. Wir beginnen zu Hause, suchen überall nach Hause, nur um zu entdecken, dass wir nie fortgegangen waren. Der Kreis schließt sich, aber wir sind nicht dieselben. Wir haben das Kostbare verloren – unsere Illusionen – und das Wertlose gefunden – uns selbst.

Die Stationen der Rückkehr:

1. **Unschuld:** Das natürliche Sein des Kindes
2. **Verlust:** Die Identifikation mit dem Ego
3. **Suche:** Die Jagd nach dem verlorenen Paradies
4. **Verzweiflung:** Das Scheitern aller Versuche
5. **Hingabe:** Das Aufgeben der Suche

6. **Erkenntnis:** Das Finden dessen, was nie verloren war
7. **Integration:** Die bewusste Rückkehr zur Einfachheit

Diese Reise ist der Held*innenmythos der Seele. Jeder muss sie auf seine Weise gehen. Niemand kann sie uns ersparen, niemand für uns gehen.

Anfängergeist bewahren

Shunryu Suzuki sagte: "Im Anfängergeist gibt es viele Möglichkeiten, im Expertengeist nur wenige." Diese Weisheit wird mit der Verwirklichung nicht obsolet – sie wird essentiell.

Der Anfängergeist nach dem Erwachen ist nicht derselbe wie vorher. Es ist nicht die Unwissenheit des Anfängers, sondern die Weisheit dessen, der weiß, dass jeder Moment neu ist, dass das Mysterium unerschöpflich ist, dass es immer mehr zu entdecken gibt.

Praktiken für den Anfängergeist:

Der tägliche Tod: Jeden Abend "sterben" – alles loslassen *Die morgendliche Geburt:* Jeden Morgen neu geboren werden *Die Frage leben:* Eine tiefe Frage als Begleiter *Das Staunen kultivieren:* Die Welt mit frischen Augen sehen *Die Unwissenheit ehren:* "Ich weiß nicht" als Tor

Dieser Anfängergeist hält das Erwachen lebendig. Er verhindert die Kristallisation in neue Dogmen. Er bewahrt die Frische der ersten Erkenntnis.

Die ewige Gegenwart

Am Ende aller spirituellen Wege steht eine einfache Erkenntnis: Es gibt nur JETZT. Vergangenheit und Zukunft existieren nur als Gedanken in diesem Moment. Das ewige Leben ist nicht endlose Dauer, sondern die Tiefe dieses Augenblicks.

In dieser ewigen Gegenwart gibt es:

- Keinen Weg, denn wo sollten Sie hingehen?
- Kein Ziel, denn was gibt es zu erreichen?
- Keinen Suchenden, denn wer sollte suchen?
- Kein Problem, denn was könnte im Jetzt falsch sein?

Und doch – und das ist das Wunder – geschieht alles in dieser Stille. Das Leben entfaltet sich, Liebe fließt, Schönheit erstrahlt, Leiden wird transformiert. Nicht trotz der Stille, sondern aus ihr heraus.

12.4 Ihr weiterer Weg

Persönliche Praxisgestaltung

Jetzt, am Ende dieses Buches, beginnt Ihr eigentlicher Weg. Alles, was Sie gelesen haben, sind nur Wegweiser. Die Landschaft müssen Sie selbst durchwandern.

Fragen zur Reflexion:

- Was hat Sie beim Lesen am meisten berührt?
- Welche Praktiken rufen Sie?
- Wo spüren Sie Widerstand?
- Was ist Ihr nächster Schritt?
- Was wollen Sie vertiefen?

Gestaltung Ihrer Praxis:

1. **Wählen Sie eine Hauptpraxis** (Meditation, Kontemplation, Körperarbeit)
2. **Ergänzen Sie mit unterstützenden Praktiken**
3. **Schaffen Sie eine regelmäßige Struktur**
4. **Bleiben Sie flexibel für Veränderungen**
5. **Suchen Sie Unterstützung** (Lehrer, Gruppe, Freunde)
6. **Führen Sie ein spirituelles Tagebuch**
7. **Feiern Sie kleine Fortschritte**

Ihre Praxis sollte wie ein maßgeschneidertes Kleidungsstück sein – perfekt für Sie, aber bereit, mit Ihnen zu wachsen und sich zu verändern.

Ressourcen und Unterstützung

Sie sind nicht allein auf diesem Weg. Hilfe ist verfügbar in vielen Formen:

Bücher und Lehren:

- Die Klassiker der verschiedenen Traditionen
- Moderne Interpretationen alter Weisheit
- Biographien erwachter Menschen
- Praktische Anleitungen

Lehrer und Mentoren:

- Formelle spirituelle Lehrer
- Informelle Mentoren
- Therapeuten mit spirituellem Verständnis
- Weise Freunde

Gemeinschaften:

- Lokale Meditationsgruppen
- Online-Sanghas
- Retreat-Zentren
- Spirituelle Freundeskreise

Praktische Unterstützung:

- Apps für Meditation
- Online-Kurse
- Podcasts und Videos
- Spirituelle Begleitung

Wichtig: Folgen Sie Ihrer Resonanz. Was einen anderen nährt, mag für Sie Gift sein. Was gestern half, mag heute hindern. Bleiben Sie wach für das, was JETZT für Sie stimmt.

Der nächste Schritt

Der wichtigste Schritt ist immer der nächste. Nicht der übernächste, nicht der in zehn Jahren – der nächste. Und der nächste Schritt ist immer einfach, immer machbar, immer hier.

Vielleicht ist es:

- Eine Minute in Stille sitzen
- Einem Menschen wirklich zuhören
- Eine alte Verletzung anschauen
- Für etwas danken
- Eine Gewohnheit loslassen
- Ein Risiko eingehen
- Um Hilfe bitten

Die Praxis des nächsten Schrittes:

Fragen Sie sich jetzt, in diesem Moment: "Was ist mein nächster Schritt?" Nicht der dramatischste oder spirituellste – der nächste. Der, der sich richtig anfühlt, auch wenn er klein erscheint.

Dann tun Sie ihn. Ohne Drama, ohne große Ankündigung. Einfach den nächsten Schritt. Und dann den nächsten. So wird der Weg gegangen – Schritt für Schritt, Moment für Moment, mit Liebe und Aufmerksamkeit.

ABSCHLUSS: Die Stille spricht

Wir sind am Ende unserer gemeinsamen Reise durch diese Seiten angekommen. Aber es ist kein Ende – es ist ein Anfang. Der anfangslose Anfang Ihrer eigenen direkten Verwirklichung.

Alles, was in diesem Buch steht, wussten Sie bereits. Es wurde nur erinnert, nicht gelehrt. Denn die Wahrheit kann nicht gelehrt werden – sie kann nur erkannt werden. Und Sie sind diese Wahrheit.

Die letzte Übung:

Schließen Sie das Buch. Schließen Sie die Augen. Vergessen Sie alles, was Sie gelesen haben. Kommen Sie zur Stille.

In dieser Stille, wer sind Sie? Vor allen Worten, wer sind Sie? Jenseits aller Konzepte, wer sind Sie?

Die Antwort kommt nicht in Worten. Sie kommt als Sein. Als das, was Sie immer waren und immer sein werden. Als die stille Präsenz, die diese Worte liest, die atmet, die IST.

Willkommen zu Hause. Willkommen bei sich selbst. Willkommen im anfangslosen Anfang.

Die Reise endet, wo sie begann – bei Ihnen. Aber Sie sind nicht mehr derselbe. Sie haben nichts gewonnen, aber alles verloren, was Sie nicht sind. Sie haben nichts erreicht, aber alles erkannt, was Sie sind.

Die Stille spricht: *Du bist Das. Du warst es immer. Es gibt nichts zu tun. Es gibt niemanden, der etwas tun müsste. Es gibt nur Sein. Und Du bist Es.*

In tiefer Verbundenheit und mit den besten Wünschen für Ihren Weg – der kein Weg ist, weil Sie bereits angekommen sind.

ABSCHLUSS: Die Stille spricht

Liebe Leserin, lieber Leser,

wenn Sie diese Zeilen erreicht haben, haben wir gemeinsam eine lange Reise unternommen. Durch die Grundlagen des Erwachens, über die Wege nach innen, durch die Integration bis zur Verwirklichung. Und doch – haben wir uns auch nur einen Millimeter bewegt?

Die große Pointe des spirituellen Weges ist: Sie enden genau dort, wo Sie begonnen haben. Aber Sie sind nicht mehr dieselben. Oder genauer: Sie erkennen endlich, wer Sie wirklich sind und immer waren.

Zusammenfassung der wichtigsten Erkenntnisse

Die ewige Suche: Wir alle tragen eine tiefe Sehnsucht in uns – die Sehnsucht nach Ganzheit, nach Heimat, nach unserem wahren Selbst. Diese Sehnsucht ist der Motor der spirituellen Suche und gleichzeitig der Beweis, dass das Gesuchte existiert.

Das Paradox des Suchens: Je mehr wir suchen, desto weiter entfernen wir uns. Die Befreiung liegt im Erkennen, dass der Suchende selbst die Illusion ist. Wenn die Suche endet, offenbart sich, was immer da war.

Die Kraft der Gegenwart: Nur das Jetzt ist real. Vergangenheit und Zukunft existieren nur als mentale Konstrukte. Im gegenwärtigen Moment liegt das Tor zur Ewigkeit, zur Freiheit, zu unserem wahren Sein.

Stille als Tor: In der Stille jenseits aller Worte und Gedanken offenbart sich unsere wahre Natur. Diese Stille ist nicht leer, sondern erfüllt – sie ist der schöpferische Urgrund allen Seins.

Befreiung durch Beobachtung: Wenn wir aufhören, uns mit unseren Gedanken und Gefühlen zu identifizieren und stattdessen zum neutralen Beobachter werden, öffnet sich ein Raum der Freiheit.

Der Körper als Tempel: Spiritualität ist nicht Flucht aus dem Körper, sondern volle Verkörperung. Der Körper ist das Instrument unserer Verwirklichung, der Tempel des Bewusstseins.

Integration von Licht und Schatten: Wahre Ganzheit umarmt alle Aspekte unseres Seins. Die Integration unserer Schatten macht uns nicht perfekt, aber vollständig.

Beziehungen als Spiegel: In der Begegnung mit anderen erkennen wir uns selbst. Beziehungen werden zum Übungsfeld für Liebe, Präsenz und Bewusstheit.

Das Heilige im Alltäglichen: Erleuchtung ist nicht woanders – sie ist hier, in diesem Moment, in der einfachsten Handlung. Jeder Augenblick kann zum Tor werden.

Jenseits der Konzepte: Alle Worte sind nur Finger, die auf den Mond zeigen. Die direkte Erfahrung geht über alle Konzepte hinaus.

Die lebendige Einheit: Alle Wege führen zur selben Quelle. In der Tiefe der Verwirklichung erkennen wir die Einheit in der Vielfalt.

Der anfangslose Anfang: Wir kehren dorthin zurück, wo wir begonnen haben, aber mit offenen Augen. Die Suche endet in dem Erkennen, dass wir immer zu Hause waren.

Die Essenz des Weges

Wenn ich die Essenz all dessen in wenigen Worten zusammenfassen müsste:

Sie sind das, was Sie suchen.

Nicht Ihr Ego, nicht Ihre Geschichte, nicht Ihre Gedanken oder Gefühle. Sondern das, was all dies bezeugt. Das reine Bewusstsein, die stille Präsenz, das ICH BIN vor allen Zusätzen.

Diese Erkenntnis ist so einfach, dass der Verstand sie übersieht. Er sucht nach etwas Kompliziertem, Besonderem, Anderem. Aber die Wahrheit ist einfacher als einfach – sie ist das, was Sie SIND.

Abschiedsworte und Segen

Jetzt lege ich den Stift nieder (metaphorisch gesprochen), und Sie legen vielleicht dieses Buch beiseite. Aber was wir gemeinsam berührt haben – die Stille, die Präsenz, die Wahrheit – das bleibt.

Es bleibt, weil es nicht geschaffen wurde. Es wurde nur erinnert. Es bleibt, weil es das ist, was wir in unserer Essenz sind. Es bleibt, weil es das Einzige ist, was wirklich ist.

Mögen Sie den Mut haben, die Einfachheit Ihres wahren Seins zu leben. Mögen Sie die Demut haben, immer wieder neu zu beginnen. Mögen Sie die Weisheit haben, zu erkennen, was Sie bereits sind. Mögen Sie die Liebe haben, es mit anderen zu teilen – nicht durch Worte, sondern durch Ihr Sein.

Die Einladung zum Leben

Dieses Buch endet, aber Ihr Leben geht weiter. Und das ist die eigentliche Praxis – das Leben selbst. Jeder Moment eine neue Gelegenheit. Jede Begegnung ein potentielles Erwachen. Jeder Atemzug eine Einladung nach Hause.

Die Stille ruft Sie. Nicht die Stille ferner Berggipfel oder einsamer Klöster. Die Stille in Ihrem Herzen, die Stille zwischen zwei Gedanken, die Stille, die Sie SIND.

Werden Sie dieser Einladung folgen?

Die Antwort liegt nicht in der Zukunft. Sie liegt in diesem Moment. In dem einfachen Ja zu dem, was ist. In der Hingabe an das Leben, wie es sich entfaltet. In dem Erkennen, dass Sie nie getrennt waren von dem, was Sie suchten.

Die letzte Botschaft:

Es gibt nichts zu erreichen. Es gibt niemanden, der etwas erreichen müsste. Es gibt nur das Sein, das sich selbst erkennt. Und Sie sind Das.

Sie waren es immer. Sie werden es immer sein. Jetzt können Sie aufhören zu suchen und anfangen zu leben.

Willkommen im Leben. Willkommen zu Hause. Willkommen bei sich selbst.

Die Stille spricht – und Sie sind diese Stille.

In tiefer Verbundenheit und Liebe, Die Stille in mir grüßt die Stille in Ihnen. Denn wir sind Eins.

ANHANG

Übungsübersicht nach Themen

Präsenz und Achtsamkeit:

- Die 5-4-3-2-1 Technik (Kapitel 3)
- Der Zeuge (Kapitel 1)
- Mikromeditationen für den Alltag (Kapitel 3)
- Die Warteschlangen-Meditation (Kapitel 9)

Körperarbeit:

- Body-Scan mit spiritueller Dimension (Kapitel 6)
- Die Schüttelmeditation (Kapitel 6)
- Die Wirbelsäulen-Welle (Kapitel 6)
- Bewegung als Meditation (Kapitel 6)

Stille und Meditation:

- Die Praxis der Entleerung (Kapitel 4)

- Die Lücke wahrnehmen (Kapitel 2)
- Stilles Sitzen - Shikantaza (Kapitel 4)
- Die Schweige-Meditation (Kapitel 10)

Selbsterforschung:

- Die Frage "Wer bin ich?" (Kapitel 1 & 10)
- Dialog mit dem Schatten (Kapitel 7)
- Das Interview mit sich selbst (Kapitel 5)
- Die Selbsterforschung nach Ramana Maharshi (Kapitel 10)

Beziehungen:

- Die Seele des Anderen sehen (Kapitel 8)
- Die 5-Minuten-Präsenz-Übung (Kapitel 8)
- Der heilige Zuhör-Raum (Kapitel 8)
- Das wöchentliche Beziehungs-Ritual (Kapitel 8)

Integration und Alltag:

- Achtsames Arbeiten (Kapitel 9)
- Essen als Kommunion (Kapitel 9)
- Die Transformation alltäglicher Handlungen (Kapitel 9)
- Die Freude-Meditation (Kapitel 11)

Glossar spiritueller Begriffe

Achtsamkeit: Bewusste, nicht-wertende Aufmerksamkeit im gegenwärtigen Moment

Advaita: Sanskrit für "Nicht-Zweiheit"; Lehre der absoluten Einheit

Atman: Das individuelle Selbst, das in Wahrheit eins ist mit Brahman

Bewusstsein: Das grundlegende Gewahrsein, das alle Erfahrungen bezeugt

Bodhisattva: Ein Wesen, das Erleuchtung zum Wohl aller Wesen anstrebt

Brahman: Das absolute, universelle Bewusstsein im Hinduismus

Buddha-Natur: Die jedem Wesen innewohnende Fähigkeit zur Erleuchtung

Chakra: Energiezentrum im feinstofflichen Körper

Dharma: Die Lehre; die kosmische Ordnung; der rechte Weg

Dualität: Die Illusion der Getrenntheit; Subjekt-Objekt-Spaltung

Ego: Das konstruierte Selbstbild; die Identifikation mit Name und Form

Erleuchtung: Das Erwachen zur wahren Natur; Selbstverwirklichung

Gewahrsein: Reines Bewusstsein ohne Objekt

Karma: Das Gesetz von Ursache und Wirkung; Handlung und ihre Folgen

Koan: Paradoxe Frage im Zen zur Überwindung des rationalen Denkens

Kontemplation: Tiefe, meditative Betrachtung spiritueller Wahrheiten

Kundalini: Die schlafende spirituelle Energie an der Basis der Wirbelsäule

Leerheit: Die Abwesenheit inhärenter, unabhängiger Existenz

Mantra: Heilige Silben oder Sätze zur Meditation

Maya: Die Illusion; die verschleiernde Kraft, die Einheit als Vielheit erscheinen lässt

Meditation: Praxis zur Beruhigung des Geistes und Erkenntnis der wahren Natur

Moksha: Befreiung vom Kreislauf der Wiedergeburt

Mystik: Direkte Erfahrung des Göttlichen jenseits von Dogmen

Nirvana: Das Verlöschen der Illusion; absoluter Frieden

Präsenz: Vollständiges Dasein im gegenwärtigen Moment

Prana: Lebensenergie; Atem

Qi (Chi): Lebensenergie in der chinesischen Tradition

Samadhi: Versenkung; Einheitserfahrung in der

Meditation

Samsara: Der Kreislauf des Leidens; die Welt der Illusion

Sangha: Spirituelle Gemeinschaft

Sat-Chit-Ananda: Sein-Bewusstsein-Glückseligkeit

Satori: Plötzliche Erleuchtungserfahrung im Zen

Selbst: Das wahre, unveränderliche Wesen jenseits des Egos

Seva: Selbstloser Dienst

Stille: Die Abwesenheit mentaler Bewegung; der Grund des Seins

Sutra: Spiritueller Lehrtext

Tantra: Spiritueller Weg, der alle Aspekte des Lebens einbezieht

Tao: Der Weg; das namenlose Absolute in der chinesischen Philosophie

Transzendenz: Das Überschreiten der gewöhnlichen Bewusstseinsebene

Turiya: Der vierte Zustand jenseits von Wachen, Träumen und Tiefschlaf

Vedanta: "Ende der Veden"; Philosophie der Einheit

Vipassana: Einsichtsmeditation; klares Sehen

Wu Wei: Müheloses Handeln im Einklang mit dem Tao

Yoga: Vereinigung; spirituelle Praxis zur

Einheitserfahrung

Zazen: Sitzmeditation im Zen

Zen: Japanische Schule des Buddhismus; Betonung direkter Erfahrung

Weiterführende Literatur

Klassische Texte:

- Bhagavad Gita
- Tao Te Ching - Laotse
- Die Upanishaden
- Das Herzsutra
- Die Wolke des Nichtwissens
- Die Philokalia

Meister Eckhart:

- Deutsche Predigten und Traktate
- Von der Abgeschiedenheit
- Reden der Unterweisung

Jiddu Krishnamurti:

- Freiheit vom Bekannten
- Das Buch des Lebens
- Die Revolution des Bewusstseins

Eckhart Tolle:

- Jetzt! Die Kraft der Gegenwart
- Eine neue Erde
- Stille spricht

Ramana Maharshi:

- Sei, was du bist!
- Gespräche mit Ramana Maharshi
- Wer bin ich?

Moderne Lehrer:

- Adyashanti: Das Ende deiner Welt
- Gangaji: Du bist Das
- Mooji: Weißer Feuer
- Rupert Spira: Das Wesen des Bewusstseins

Integrale Ansätze:

- Ken Wilber: Integrale Spiritualität
- A.H. Almaas: Die Essenz
- Sri Aurobindo: Die Synthese des Yoga

Kontemplative Texte für die tägliche Praxis

Montag - Die Suche *Du suchst nach Gott? Dann schau in den Spiegel. Der Suchende ist das Gesuchte. Die Reise endet, wo sie begann - bei Dir.*

Dienstag - Die Stille *In der Stille zwischen zwei Gedanken wartet deine wahre Heimat. Nicht die Stille der*

Abwesenheit, sondern die Fülle der Präsenz. Lausche... Die Stille spricht.

Mittwoch - Die Gegenwart *Dieser Moment - das einzige Tor zur Ewigkeit. Nicht gestern, nicht morgen, nur JETZT. Hier berühren sich Zeit und Zeitlosigkeit.*

Donnerstag - Der Körper *Dein Körper: nicht dein Gefängnis, sondern dein Tempel. In jedem Atemzug tanzt das Göttliche den Tanz des Lebens.*

Freitag - Die Schatten *Was du ablehnst, besitzt dich. Was du annimmst, transformiert sich. In der Umarmung der Dunkelheit wird das Licht geboren.*

Samstag - Die Beziehung *Im Anderen siehst du dich selbst. Jede Begegnung ein Spiegel, jede Beziehung ein Tor zum Erwachen.*

Sonntag - Die Einheit *Viele Wege, ein Gipfel. Viele Wellen, ein Ozean. Viele Formen, eine Essenz.*

Ende des Buches

Die Stille zwischen den Worten ist größer als alle Worte. Das Buch endet, die Wahrheit beginnt. Sie sind diese Wahrheit.